STEVE BACKLUND

con Phil Drysdale, Chuck Maher, Kim Jaramillo & Jared Neusch

¡*Riámonos*
DE ESO!

Soy un fracaso porque no tengo un trabajo en el que me pagan mucho ...
No soy digno de ser bendecido ... Esta zona espiritualmente es tierra dura ...
Una maldición tiene más poder que una bendición ...
Es demasiado tarde para mis hijos ... Las cosas buenas no duran ...
No hay esperanza ... No puedo cambiar ...

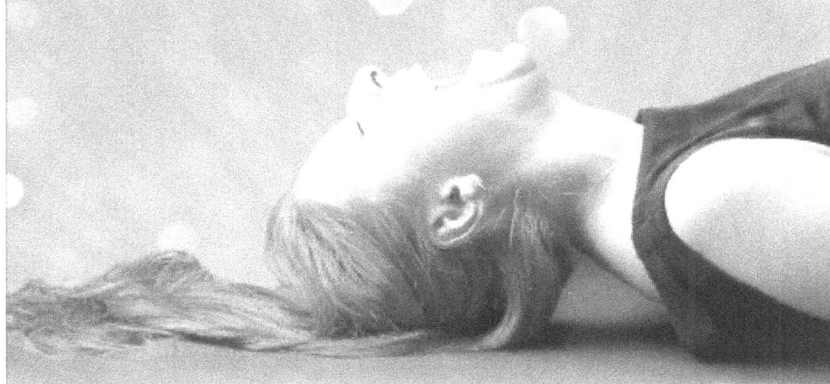

DEDICACIONES

Este libro esta dedicado a mi madre, Lynn Backlund. Ella me influyó más que cualquier otra persona a amar a Dios y a compartirlo con los demás. Gracias mamá, por la diferencia que has hecho. ¡Eres amada!

IGNITING
HOPE
MINISTRIES

© copyright 2015 Steve and Wendy Backlund, Igniting Hope Ministries
www.IgnitingHope.com

Asistencia especial: Wendy Backlund, Madeline Guzo, Leslie Taylor
Diseño de portada: Linda Lee
Diseño de portada: Linda Lee (www.LindaLeeCreates.com)
Diseño interior y Formato: Robert Schwedenmann, Julie Heth
Typesetting: Julie Heth
Translation: Jaz Jacob
Asitencia: Edson Chavarria
Contributing Authors: Phil Drysdale, Chuck Maher, Kim Jaramillo, Jared Neusch
Muchas gracias a las siguientes personas por su contribución con la escritura de
estos devocionales: Holly Hayes, Kim Jaramillo, Julie Mustard y Elizabeth Preece

ISBN: 978-0-9863094-3-4

A menos que se indique de otra manera, las citas bíblicas están tomadas de LA
REINA VALERA GÓMEZ Copyright (c) 1986, 1995, 1997, por The Lockman Founda-
tion, uso permitido (www.lbla.org).

Por favor, tome en cuenta que debido al estilo de edición del autor, ciertos
pronombres en las Escrituras referentes al Padre, Hijo y Espíritu Santo, están en
mayúsculas y puede que se diferencien de otras ediciones.

¡Riámonos DE ESO!

RECOMENDACIONES

¡Riámonos de Eso! Es un título apropiado para el último libro de Steve Backlund, en el cual entrena a los creyentes a tener la mente de Cristo y a ver las mentiras del diablo desde la perspectiva de Dios. Amo el esfuerzo continuo de Steve por fortalecer y alentar al Cuerpo de Cristo. De seguro este libro será una gran fuente refrescante.

Bill Johnson
Pastor Principal de la Iglesia Bethel en Redding, California
Autor de *Cuando el Cielo Invade la Tierra*

En *¡Riámonos de Eso!* encontrarás bocaditos de grandes verdades que te nutrirán a la plenitud de tu destino.

Kevin Dedmon
Autor de *The Ultimate Treasure Hunt*

El ministerio de Steve ha cambiado mi vida personal y ministerial. Lo que él ha hecho con este libro es transcribir su mensaje en papel y crear una manera muy práctica para vivir una vida cristiana victoriosa llena de gozo. Muchas personas enseñan y escriben, pero pocos son los que realmente cambian la forma en que vivimos. ¡Steve lo ha hecho de nuevo! Este libro cambiará tu vida a nivel organizativo, personal y ministerial, y el gozo del Reino llenará esas áreas.

Paul Manwaring
Supervisor de Global Legacy, Iglesia Bethel, de Redding
Autor de *Kisses From God*

Como ministro de sanidad interior y liberación, estoy constantemente ayudando a otros a exponer e intercambiar las mentiras que están creyendo por la verdad de la Palabra de Dios. *¡Riámonos de Eso!* es un libro poderoso y divertido que te desafiará día a día a renovar tu mente, y a reírte de cualquier lucha que enfrentes.

Dawna De Silva
Fundadora del ministerio Sozo y coordinadora del ministerio Centro de Transformación en la Iglesia Bethel de Redding, California

El gozo es la mejor estrategia para usar en la guerra. Traductor de la Biblia, JB Philipps dijo, "desconfía de tu religión, si es 'gruñona'…". En *¡Riámonos de Eso!* Steve Backlund y sus inextinguibles becarios nos inyectan con el gozo que nos sirve como antídoto para detener el veneno mortal de la religión gruñona. Me reía mientras leía el libro, y sentí como si estuviera leyendo el libro de Dios, de Sus jugadas ofensivas y defensivas para vivir vidas triunfantes. Estos cuarenta y cinco detectores de mentiras realizan una prueba de polígrafo en tu pensamiento para revelar si estás disfrutando de el privilegio de una mente renovada. Lee frecuentemente este libro y deja que se realice un análisis de virus sobre tu manera de pensar y que actualice tu sistema operativo a la mejor versión de una vida que vence y conquista.

Dan (Dano) McCollam
La Misión, Vacaville, California
Director de Sonidos de las Naciones y parte de la Escuela de Adoración de Bethel y de la Escuela de los Profetas de Redding, California

Serví bajo Steve Backlund en una de las mejores épocas de aprendizaje de mi vida como líder. Estoy muy agradecido por esa temporada, por lo que Steve nos enseñó y por su manera de vivir. Este libro contiene algunas de las cosas claves que aprendí – una fue el reír mucho, y quiero decir ¡¡¡mucho!!! Este libro debe ser leído.

Eric Johnson
Líder principal de la Iglesia Bethel en Redding California

CONTENIDO

TITULO

ACERCA DE LOS AUTORES

Steve Backlund

Steve Backlund fue pastor durante diecisiete años antes de unirse al equipo de Bethel Church en Redding, California, en el 2008. Steve es un maestro que cambia la historia y llama a la gente a perspectivas mayores a través de creer la verdad. En Bethel Church, enseña desarrollo de liderazgo tanto en la escuela de ministerio como a través de la escuela virtual de desarrollo de liderazgo de "Global Legacy". Steve y su esposa, Wendy, también son los fundadores de "Igniting Hope Ministries", un ministerio dedicado a enfatizar gozo, esperanza y una mentalidad victoriosa a través de libros, mensajes de audio y múltiples viajes.

Becarios de Steve del 2010-11 que Ayudaron a Escribir Este Libro

Phil Drysdale

Phil es originario de Escocia y sirvió como asistente personal de Steve mientras hacía sus prácticas en la Escuela Bethel de Ministerio Sobrenatural. El deseo de su corazón es ver que las personas experimenten una revelación de la bondad de Dios y su perfección en Cristo, a través de escuchar el Evangelio de la gracia perfecta. Ama la vida y actualmente vive en Redding, California.

Chuck Maher

Chuck es de Newbrunswick, Canadá, graduado de la Escuela Bethel de Ministerio Sobrenatural en Redding, California, sirvió a Steve Backlund como becarios del 2010 a mayo del 2011. El deseo de Chuck es ver que la iglesia camine en su verdadera identidad y que traiga una transformación cultural por toda la tierra.

Kim Jaramillo

Después de colaborar con Steve en la clase de Liderazgo y Plantación de Iglesia en la escuela de Ministerio Sobrenatural en Bethel, Kim se convirtió en la asistente personal de Steve y en la administradora del programa de desarrollo de liderazgo para Global Legacy. Recientemente se mudó a Monterrey con su marido, SPC Jaramillo, donde está impactando las vidas de las esposas y familiares de militares.

Jared Neusch

Jared asiste a Steve con el Programa de Desarrollo de Liderazgo en Global Legacy. Además de apoyar a Steve, también trabaja en Global Legacy en la Iglesia Bethel. Es originario de Texas y el deseo de su corazón siempre ha sido que la Iglesia tenga éxito. Su mayor motivación es enseñar, viajar y escribir.

VERDADES QUE TE AYUDARÁN A COMPRENDER ESTE LIBRO

La verdad trae esperanza – "Y el Dios de esperanza os llene de todo gozo y paz en el creer" (Romanos 15:13). Somos llenos de esperanza en el momento que creemos la verdad. La esperanza es una confiada expectativa de que viene lo bueno. Nuestro nivel de esperanza es lo que nos indica si estamos creyendo la verdad o si estamos creyendo una mentira. Nuestra falta de esperanza sobre un problema es un problema más grande que el problema en sí. No hay circunstancias sin esperanzas, sólo personas sin esperanza. Una vez que alguien se llena con verdadera esperanza, la circunstancia no puede permanecer igual. La batalla es entre la verdad y la mentira - "La verdad os hará libres" (Juan 8:32). Lo que hace que el Reino de Dios avance, no es principalmente la buena conducta, sino la buena manera de creer. El creyente del Nuevo Pacto debe estar más enfocado en lo que cree, que enfocado en su conducta. Podemos tener una buena doctrina acerca de los fundamentos de la fe, pero aún así estar espiritualmente débiles porque creemos mentiras.

El renovar ahora nuestras mentes, transforma nuestras experiencias futuras – Al renovar nuestras mentes hoy, transformamos nuestro mañana (Romanos 12:2). Más que el estar en diferentes circunstancias, necesitamos tener nuevos pensamientos. El flujo de poder y de bendición son bloqueados cuando creemos mentiras pero nuestra propia transformación y la de nuestras situaciones viene a través de renovar nuestras mentes con la verdad de una manera intencional. La pregunta del momento no es "Señor, dime qué hacer", sino "Señor, dime qué creer". Al creer lo correcto, haremos lo correcto y experimentaremos las promesas de Dios en nuevas dimensiones.

"En los cielos [Dios] se ríe" (Salmos 2:4 NBH) – ¿De qué se está riendo Dios en este Salmo? Se está riendo de lo que sus enemigos están diciendo y planeando. Seremos más como Dios al reírnos junto con Él de lo ridículas que son las mentiras de satanás. La frase "Riámonos de eso" tiene la extraña habilidad de tomar el poder de los engaños demoniacos y luego preparar la tierra de nuestros corazones para recibir la verdad.

Tenemos que soltar algo para poder reírnos – De la misma manera que en los desacuerdos familiares alguien tiene que soltar algo para poder reírse juntos, los cristianos a veces tienen que soltar la manipulación, la amargura y/o la incredulidad para poder reírse.

¿Quién te dijo eso? – Esto le preguntó Dios a Adán en Génesis 3:11. Esta también es una pregunta importante para nosotros, después de que digamos algo que es contrario a la perspectiva de Dios, sobre las circunstancias o sobre nuestra propia identidad.

Camina en amor y en sabiduría mientras vives una vida llena de gozo – Dios nos llama a "Gozarnos con los que se gozan; y a llorar con los que lloran" (Romanos 12:15). Mientras tratamos de llevar gozo a otros, tenemos que ser sensibles al estado de las personas, y a lo que están pasando en sus vidas.

CÓMO OBTENER EL MÁXIMO PROVECHO DE ESTE LIBRO

Comprende los cinco componentes de cada página:

La mentira principal de la cual reírnos – Esta es una mentira bien arraigada que limita la habilidad de Dios para trabajar en nuestras vidas. Te animamos a leer la mentira en voz alta y a continuación a reírte de modo audible. Algo poderoso sucede cuando lo falso es llevado a la luz.

Suposiciones cómicas – Hemos proporcionado una lista de "suposiciones cómicas" para ayudar a exponer lo absurda que es la mentira mencionada. Esto te ayudará a vencer y a conquistar cualquier engaño de creer que la mentira mencionada pueda ser verdad.

La verdad – "Conoceréis la verdad, y la verdad os hará libres" (Juan 8:32). No podemos simplemente deshacernos de una mentira, sino que debemos reemplazarla con la verdad. En esta sección se proveen ejemplos bíblicos y promesas de Dios con el fin de rechazar la mentira principal y las suposiciones detrás de ella.

Estrategias para vencer y conquistar esta mentira – Cada enseñanza viene con por lo menos tres pasos que te ayudarán a acelerar la transformación en esa área de la vida en la cual está hablando la mentira. Declaraciones para renovar tu mente: "La fe viene por el oír" (Romanos 10:17). Una gran manera de renovar nuestra mente es declarando la verdad en voz alta para así poder oírla. Recuerda, Jesús no pensó en cómo salir del desierto, sino que Él habló la verdad para contrarrestar los ataques relacionados con Su identidad y con la naturaleza de Su Padre (Mateo 4:1-11). Las declaraciones nos ayudarán a hacer lo mismo.

Sumérgete en este libro de estas cuatro formas:

1. Léelo todo para ser saturado con su verdad.
2. Léelo diariamente como un devocional.
3. Lee una página al día con los miembros de tu familia. Rían juntos, declaren juntos, y hablen acerca de las verdades y las estrategias presentadas.
4. Participa en un grupo de estudio utilizando este libro.

¡Riámonos DE ESO!

1 Mi Personalidad No Es La De Estar Gozoso Ni Reírme Mucho

Suposiciones Cómicas Detrás De Esta Mentira

- El gozo es una opción del fruto del Espíritu y sólo es para ciertas personalidades.
- La Biblia habla de manera metafórica cuando dice que el corazón alegre es buena medicina.
- De la misma manera que unos no tienen la personalidad apropiada para ser amorosos, yo no tengo la personalidad para estar gozoso.
- Dios se arrepintió de darle al hombre un sentido de humor.
- No deberíamos confiar en las perspectivas de un Cristiano que se ríe mucho.
- Está bien llorar en la iglesia, pero la risa debería ser evitada y suprimida.
- Yo no puedo estar gozoso hasta que mis circunstancias cambien.

La Verdad

Todos podemos y tenemos que caminar en abundante gozo y risa.
1) El gozo del Señor realmente es nuestra fortaleza (Nehemías 8:10). 2) La risa mejora nuestra salud (Proverbios 17:22). Muchos estudios científicos confirman que un corazón alegre ciertamente es como buena medicina. 3) Cuando nos hacemos más como Jesús, vamos a experimentar más gozo. "Estas cosas les he hablado, para que Mi gozo esté en ustedes, y su gozo sea perfecto" (Juan 15:11 NBH). 4) "En [la presencia de Dios] hay plenitud de gozo" (Salmos 16:11). Tal vez no siempre estemos completamente gozosos en la presencia de Dios, pero si nunca lo estamos, posiblemente no estamos tanto en Su presencia como pensamos. No escribo esto para traer condenación, sino para ayudar a incrementar nuestra expectativa de la manifestación de gozo mientras buscamos a Dios.

Estrategias Para Vencer y Conquistar Esta Mentira

1. **Saber que Dios nunca nos manda hacer algo sin darnos la gracia para hacerlo** – Si el gozo y la risa son valiosos para cada creyente (que lo son), entonces habrá gracia disponible para caminar en ello. Tal vez nos tome un poco de tiempo, pero aprenderemos si no nos damos por vencidos.

2. **Recibe por fe, no por emociones** – Muchos piensan que si no sienten que algo está sucediendo en ellos, entonces nada les está sucediendo. Este tipo de pensamiento es erróneo. El patrón de Dios es que primero creemos y luego experimentamos, no que experimentamos y luego creemos (Marcos 11:24).

3. **Valora el ser como un niño y busca la manifestación del gozo en tu vida** – "Gozaos con los que se gozan; y llorad con los que lloran" (Romanos 12:15). Es verdad, no estamos riéndonos todo el tiempo, pero reírnos sí es vital. El gozo no es todo el pastel, pero si es una pieza muy importante para el Cristiano.

Declaraciones Para Renovar Tu Mente

- El gozo de Dios es mi fortaleza.
- Reírme a diario de manera abundante es parte del plan para mi salud, fuerza, y longevidad.
- Yo tengo encuentros con Dios por medio de la fe y no por emociones.

2 No Hay Soluciones Para Esta Situación

Suposiciones Cómicas Detrás De Esta Mentira

- Esta situación está tan mal que incluso la oración es inútil.
- El diablo ha ganado la victoria por completo; por lo tanto resistir es inútil.
- Dios no puede hacer que esta situación obre para bien en las vidas de los que fueron impactados por ella.
- Dios no tiene sabiduría para saber lo que se tiene que hacer.
- Conquistar y avanzar es siempre difícil y tomará mucho tiempo.
- Dios está enojado y no quiere ayudar a los que están involucrados.

La Verdad

Dios hace un camino donde parece que no lo hay. 1) El Mar Rojo se abrió cuando se veía sin esperanza (Éxodo 14). 2) Dios tenía un plan para vencer a Goliat, y nadie era consciente de Su plan (1 Samuel 17). 3) Sorprendentemente, las aguas amargas se volvieron dulces con una solución nada común; meter un árbol a las aguas (Éxodo 15:22-27). 4) Dios se opuso a la lógica cuando cerro la boca de un león para proteger a Daniel (Daniel 6:22). 5) Los tres jóvenes hebreos fueron protegidos en el fuego de una manera sobrenatural cuando parecía que ya no había esperanza. (Daniel 3:19-25). 6) Jesús multiplicó la comida cuando la provisión era limitada (Lucas 9:10-17). 7) Una gran hambre terminó en un día (2 Reyes 7). 8) Un dinero que se necesitaba para pagar los impuestos fue encontrado en un lugar inusual: dentro de la boca de un pez (Mateo 17:24-27).

Estrategias Para Vencer y Conquistar Esta Mentira

1. **Cree que siempre existirá un camino** – "No les ha sobrevenido ninguna tentación que no sea común a los hombres. Fiel es Dios, que no permitirá que ustedes sean tentados más allá de lo que pueden soportar, sino que con la tentación proveerá también la vía de escape, a fin de que puedan resistirla" (1 Corintios 10:13 NBH). Hay una manera de salir de las situaciones y hay un camino hacia la victoria. Creer esto te llevará a las respuestas que necesitas (Santiago 1:5-8).

2. **Aplica el poder del cual que se habla en Romanos 8:28** – "Y sabemos que todas las cosas ayudan a bien, a los que aman a Dios, a los que conforme a Su propósito son llamados" (Romanos 8:28). Dios tiene una habilidad sobrenatural de poder hacer que todo obre para bien en la vida del creyente.

3. **Alimenta tu esperanza con testimonios de aquellos que han superado tu misma situación y de aquellos que han conquistado grandes obstáculos en la vida** – Anímate tú mismo al descubrir que hay gente que ha salido de la situación en la que te encuentras (y aún de situaciones más difíciles).

Declaraciones Para Renovar Tu Mente

*   Dios está obrando todas las cosas para bien en esta situación.
*   Dios me está revelando un paso poderoso a tomar referente a esto.
*   Un milagro relacionado con mi situación va a suceder.

3   Las Cosas Buenas No Duran

Suposiciones Cómicas Detrás De Esta Mentira

- Se supone que la vida Cristiana debe ser una batalla constante.
- Los ataques de satanás son más poderosos que las promesas de Dios.
- La gente que experimenta un avance en sus vidas, debería prepararse para el imparable e inevitable contraataque del diablo.
- No merecemos ser continuamente bendecidos, ni protegidos.
- Soy bendecido ahora, pero pronto se me moverá el tapete.
- Yo sólo puedo crecer y aprender por medio del sufrimiento y del dolor.

La Verdad

La manifestación de la bondad de Dios en nosotros es incrementada continuamente para que el Reino se pueda manifestar a través de nosotros. 1) Salmo 91 revela la protección sobrenatural para el pueblo de Dios, y ahora vivimos en un mejor pacto con mejores promesas (Hebreos 8:6). 2) La destrucción y el robo de satanás fueron derrotados en la cruz (Colosenses 2:15). 3) Jesús se hizo maldición para que nosotros no experimentemos el vivir bajo la maldición de constantes dificultades (Gálatas 3:13- 14). 4) Dios tiene un buen propósito para nuestras vidas, un propósito que va en aumento y nos lleva de gloria en gloria, de poder en poder y de fe en fe (2 Corintios 3:18; Salmos 84:7; Romanos 1:17).

Estrategias Para Vencer y Conquistar Esta Mentira

1. **Cree que la bendición de Dios debe ser constantemente incrementada en tu vida para que puedas cumplir con la voluntad de Dios** – La Gran Comisión de Mateo 28:18-20 no se puede llevar a cabo sin salud, energía, finanzas, favor, sabiduría, poder, amor y abundante protección. Reconoce también que tu avance en bendiciones va a causar que otros crezcan y marquen una diferencia.

2. **Supera las enseñanzas de guerra espiritual que dan a entender que la dificultad es normal para un Cristiano maduro** – El Cristiano sabio piensa principalmente en lo que Dios ha hecho a través de Cristo y no en lo que el diablo supuestamente está haciendo. Recuerda que aquello en lo que te enfoques, aumentará. Si andas hablando de estar bajo ataques espirituales, verás más ataques. Si te enfocas en la protección divina, verás más protección.

3. **Derrota el espíritu de "no soy digno" que con frecuencia sabotea las bendiciones** – La creencia de "Yo no merezco ser bendecido", reduce a muchos Cristianos llevándolos a la escasez y la mediocridad. Pongamos un gran esfuerzo espiritual en comprender lo maravilloso de nuestra salvación. Esto marcará una gran diferencia en nuestra habilidad de sustentar las bendiciones y el avivamiento.

Declaraciones Para Renovar Tu Mente

- Las bendiciones de Dios están aumentando en mi vida.
- En Cristo, soy digno de caminar en todas las bendiciones de Dios.
- Tengo abundancia para cumplir toda buena obra.

Suposiciones Cómicas Detrás De Esta Mentira

- Es imposible que sucedan milagros en la vida de mis hijos.
- Las oraciones pasadas y presentes no son efectivas respecto a mis hijos.
- Mis errores como padre hacen que sea imposible que mis hijos puedan cambiar.
- El poder y la sabiduría de Dios no pueden vencer el lío que han creado.
- Las promesas de Dios para mi familia son falsas por mis deficiencias.
- Otros no pueden estar sin esperanza, pero mis hijos si lo están.
- Dios no está poniendo Cristianos maduros en la vida de mis hijos.

La Verdad

Dios está obrando poderosamente en la vida de los hijos descarriados. 1) Hizo a Sansón volver a un lugar de compromiso e impacto, aún cuando había transigencia en su vida. 2) El hijo pródigo también se veía sin esperanza, pero volvió en sí y regresó a la casa de su padre (Lucas 15:11-32). 3) La humanidad se desvió por medio de la rebelión de Adán, pero el deseo de Dios de atraernos de nuevo hacia una relación con Él, demuestra que Su corazón es tenaz en Su búsqueda por todos, incluyendo a nuestros hijos.

Estrategias Para Vencer y Conquistar Esta Mentira:

1. **Reconoce que el estar sin esperanza respecto a nuestros hijos, es un problema más grave que lo que les está sucediendo** – Estar sin esperanza alimenta la incredulidad en lugar de la fe, rogando en vez de declarando, y espíritus de pesadez en vez de una gran expectativa por ver las promesas de Dios cumplidas. La falta de esperanza tiene que ser confrontada con la verdad y el fervor.

2. **Recuerda que tu pacto con Dios incluye a tus hijos** – En respuesta a la pregunta del carcelero Filipense "¿qué debo hacer para ser salvo? ellos dijeron: "Cree en el Señor Jesucristo, y serás salvo tú, y tu casa" (Hechos 16:30-34). Podemos concluir de esto que toda nuestra familia vendrá bajo la influencia y el favor divino por nuestro pacto con Dios.

3. **Sigue creciendo en El Señor** – En lugar de poner toda tu energía espiritual en estar rogando a Dios que toque a tus hijos, enfócate primeramente en mostrar la vida, amor y poder de Dios de tal manera que tus hijos deseen lo que tú tienes. Recuerda el plan de Dios para atraer a tus hijos de vuelta a Él, es a través de la revelación de Su bondad (Romanos 2:4).

Declaraciones Para Renovar Tu Mente

- Dios está revelando su bondad a mis hijos.
- Dios está trabajando poderosamente en la vida de mis hijos.
- La salvación de mis hijos es parte de mi pacto con Dios.

5 No Soy Tan Atractivo Físicamente Como Para Destacar

Suposiciones Cómicas Detrás De Esta Mentira

- Mis defectos físicos definen quien soy y todos se ven mejor que yo.
- Sólo las mujeres muy hermosas y los hombres muy guapos pueden realmente ser felices.
- Dios únicamente usa a las personas que son físicamente atractivas.
- Aquellos que tienen buena apariencia tienen menos problemas en la vida.
- Ser "sexy" es absolutamente necesario para la felicidad y la influencia.
- Nadie más que yo batalla con sentimientos negativos acerca de la apariencia.
- Si tengo sobrepeso, entonces debo de sentirme horrible acerca de mí mismo.

La Verdad

Hay cualidades mucho más importantes que ser físicamente atractivo. 1) El amar a Dios - "Pues el hombre mira la apariencia exterior, pero el SEÑOR mira el corazón" (1 Samuel 16:7 LBA). 2) El tener fe - "Pero sin fe es imposible agradar a Dios" (Hebreos 11:6). 3) El amar a los demás - "pero si [yo] no tengo amor, de nada me aprovecha" (1 Corintios 13:3). 4) El tener integridad y tomar decisiones divinas - "bienaventurados los que oyen la palabra de Dios, y la guardan" (Lucas 11:28).

Estrategias Para Vencer y Conquistar Esta Mentira

1. **Enfócate en tu belleza interior y eso te ayudará a ser una persona atractiva para otros** – El rostro de Moisés resplandecía porque estaba en la presencia de Dios (Éxodo 34:29-35). El salmista dijo, "Los que a Él miraron fueron alumbrados" (Salmos 34:5). Jesús también resplandeció y se volvió más atractivo cuando se transfiguró en la presencia de Dios (Marcos 9:1-8).

2. **Enfócate en aceptarte y amarte** – No podemos permitirnos el lujo de tener pensamientos diferentes a los que Dios tiene acerca de nosotros. Debemos parar de rechazarnos y empezar a amarnos para que podamos verdaderamente amar a los demás (Marcos 12:31).

3. **Reconoce que la apariencia de "supermodelo" en realidad puede crear tentaciones que tú no quieres enfrentar** – De la misma manera que la abundancia de dinero en las manos de alguien sin buenos valores establecidos trae mayor tentación, puede ser la belleza sin carácter y moral firme. Necesitamos superar el engaño que dice que aquellos que son más atractivos de acuerdo a la medida del mundo son automáticamente más felices.

Declaraciones Para Renovar Tu Mente

- Mi belleza interna me hace atractiva en el exterior a los ojos de las personas correctas.

- Mi rostro resplandece por la presencia de Dios en mi vida.

- Yo tengo una auto-imagen sana que crea favor en mi vida.

- No soy intimidado por aquellos que aparentemente son más hermosos que yo, sino que los bendigo y soy una fortaleza en sus vidas.

6 Dios Nos Motiva Através Del Castigo

Suposiciones Cómicas Detrás De Esta Mentira

- Lo que Cristo hizo en la cruz pudo haberme salvado de mis pecados, pero todavía merezco ser castigado por ellos.
- Los padres y Dios necesitan crear un ambiente de temor porque sino aumentará el pecado.
- Yo sólo aprendo y maduro por medio del temor, sufrimiento y dolor.
- La revelación de la bondad de Dios no guía a las personas al arrepentimiento.
- El amor de Dios no cambia a las personas, pero el temor al castigo lo hará.
- Las personas responden mejor a las amenazas de castigo.

La Verdad

En el nuevo pacto la revelación del amor de Dios es la motivación para las personas. 1) El padre del hijo pródigo lo motivó mostrándole su amor (Lucas 15:11-32). 2) Dios inspiró a Abraham con promesas extravagantes, no con las consecuencias por no seguirlo (Génesis 12:1-3). Por medio del perdón, la mujer adúltera fue motivada a no pecar más (Juan 8:1-11). 4) Jesús le dijo a Simón el Fariseo que aquellos que entienden lo amados y perdonados que son por Dios, tendrán un impulso interno de corresponderle con un amor extravagante. (Lucas 7:39-50).

Estrategias Para Vencer y Conquistar Esta Mentira

1. **Recuerda el amor de Dios por ti** – ¡Dios realmente te ama! ¡Y hasta le agradas! Él te llama Su amigo (Juan 15:15) y Su hijo (Gálatas 3:26). Un verdadero amigo o padre no motiva a otros por medio de amenazas de castigo. De hecho "En el [perfecto] amor no hay temor" ya que el temor ha sido echado fuera (1 Juan 4:18).

2. **Cree que Dios te quiere motivar por medio de Su bondad** – Es la revelación de la bondad de Dios la que causa el arrepentimiento que conduce a la transformación. "La bondad de Dios te guía al arrepentimiento" (Romanos 2:4). Sí, podemos aprender sabiduría a través del dolor causado por malas decisiones, pero esa no es la forma que Dios utiliza para que crezcamos y aprendamos.

3. **Recuerda que Jesús fue castigado por ti para que tú no tuvieras que ser castigado** – Jesús tomó el castigo que nos merecíamos (Isaías 53:4-7). Sería absolutamente injusto, para un Dios justo, que trajera castigo a un pueblo que cree y ha sido perdonado. En Cristo, ya no merecemos el castigo, en su lugar recibimos la aceptación, la bendición y el amor.

Declaraciones Para Renovar Tu Mente

- Dios realmente me ama, está absolutamente enamorado de mí y no desea otra cosa que lo mejor para mí.

- Demostrándome Su bondad, Dios me enseñará la senda a caminar en la vida.

- Jesús se convirtió en maldición para que yo no tuviera que soportar la maldición. Por lo que Él hizo, ya no camino en castigo sino que ahora puedo caminar en bendición.

Suposiciones Cómicas Detrás De Esta Mentira

- Esta situación es imposible; no hay respuestas.
- Estoy destinado a sufrir desilusión y a no ver las promesas cumplidas.
- Mi falta de dignidad y mis malas decisiones son un obstáculo para que las soluciones puedan venir a mí.
- No existen tales cosas como los avances, los logros o los "de repente".
- Yo nací en este tiempo para fracasar.
- Si no veo a Dios haciendo algo sobre esto, significa que no está haciendo nada.

La Verdad

Nada está falto de esperanza, porque todo es posible con Dios. 1) Dios llamó a Abraham "padre de multitudes" a pesar de que tenía 99 años y una esposa estéril. Un año después, Sarah dio a luz a Isaac (Génesis 17-21). 2) José fue odiado por sus hermanos, arrojado a un pozo, vendido como esclavo, acusado de violación y condenado a prisión; sin embargo, él se mantuvo fiel y fue promovido al palacio (Génesis 37-41). 3) Moisés estaba delante del Mar Rojo, con los enemigos acercándose por detrás y unos Israelitas quejándose junto a él; pero el colaboró con Dios para que el mar se abriera y para que los Israelitas experimentaran la libertad (Éxodo 14). 4) Los tres jóvenes hebreos milagrosamente sobrevivieron al horno de fuego (Daniel 3). Lázaro volvió a la vida después de cuatro días de estar muerto (Juan 11).

Estrategias Para Vencer y Conquistar Esta Mentira

1. **Haz un inventario de tu esperanza** – Cualquier pensamiento en nuestra mente que no está resplandeciendo de esperanza, indica que está bajo la influencia de una mentira (Romanos 15:13). Si te sientes sin esperanza, pregúntale al Espíritu Santo que te muestre que mentiras te estás creyendo.

2. **Para las mentiras y los pensamientos sin esperanza** – Tenemos la autoridad para parar cada pensamiento que no se alinea con Cristo (2 Corintios 10:5). Dado a que nos convertimos en lo que pensamos que somos (Proverbios 23:7), no podemos darnos el lujo de pensar en cosas en las cuales no nos queremos convertir. Reemplaza las mentiras con la verdad de Dios para ser libre y desatar libertad (Juan 8:32).

3. **Cree que hay esperanza para cada situación y cada persona** – El que posee el mayor nivel de esperanza tendrá el más alto nivel de influencia. 1 Corintios 10:13 revela que Dios tiene "el camino" (esperanza) y una respuesta para cada situación.

Declaraciones Para Renovar Tu Mente

- Nada es imposible con Dios.
- El Espíritu Santo vive dentro de mí y Él dice que no hay nada imposible.
- Todas las cosas obran para mi bien.
- Mi corazón y mi mente están resplandeciendo con una confiada esperanza, con gozo y con expectativa.

8

Siempre Voy A Estar Enfermo

Suposiciones Cómicas Detrás De Esta Mentira

- Dado que no soy perfecto, no puedo esperar ser sanado.
- Dios no es capaz ni está dispuesto a sanar una enfermedad como esta.
- Por sus llagas yo fui sanado de todo menos de esta enfermedad.
- Jesús tiene poco poder para sanar.
- La muerte de Jesús pagó solamente por sanidades específicas y la mía no está incluida.
- Hay una lección específica que hay que aprender que sólo vendrá a través de soportar esta enfermedad.
- Algunas enfermedades no pueden ser sanadas sobrenaturalmente.

La Verdad

Ninguna enfermedad es demasiado grande para ser sanada. 1) Un hombre que padeció una enfermedad durante treinta y ocho años fue inmediatamente sanado (Juan 5: 5-9). 2) Otro hombre ciego de nacimiento recuperó completamente su vista (Juan 9: 1-8). 3) Un paralítico llevado por cuatro hombres no sólo recibió el perdón de pecados, sino que su parálisis lo dejo y fue totalmente restaurado (Marcos 2: 2-12). 4) Un criado que estaba gravemente atormentado y paralizado en cama fue sanado en el momento en que Jesús declaró sanidad (Mateo 8: 5-13). 5) Un hombre que no sólo era sordo sino también mudo, fue instantáneamente sanado y pudo oír y hablar con claridad (Marcos 7: 32-37).

Estrategias Para Vencer y Conquistar Esta Mentira

1. **Reconoce lo que ya es tuyo** – "Por sus heridas fuisteis sanados" (1 Pedro 2:24). Date cuenta de que esta sanidad está en tiempo pasado, por lo tanto, tú ya has sido sanado. Jesús no puede darte nada más para hacerte mas sano. Fue verdaderamente consumado.

2. **Rechaza el estar sin esperanza** – David habló a su alma diciéndole, "¿Por qué te abates, oh alma mía, y te turbas dentro de mí? espera en Dios, porque aún he de alabarle" (Salmo 42: 5). Es importante no permitir que la enfermedad determine tu nivel de esperanza (expectativa confiada).

3. **Crece en la fe** – Medita en las promesas de Dios; esto activará tu fe. Pon escrituras sobre la sanidad donde vayas a verlas (por ejemplo, tu auto, el espejo, el refrigerador, la cartera, el protector de pantalla, etc.). Cuando las veas, repítelas en voz alta. Al escucharlas, tu fe crecerá (Romanos 10:17). Mientras esperas que tu sanidad se manifieste, no te condenes si necesitas medicina o la ayuda de doctores.

Declaraciones Para Renovar Tu Mente

*   El favor de Dios me protege, por lo tanto, la enfermedad no puede tocarme.

*   El mismo espíritu que resucitó a Jesús de los muertos, está ahora mismo dándole vida a mi cuerpo (Romanos 8:11).

*   Mi salud es contagiosa. Cuando camino cerca de personas enfermas, ellos son sanados.

9 Soy Demasiado Viejo Para Marcar Una Diferencia

Suposiciones Cómicas Detrás De Esta Mentira

- Mis mejores días quedaron atrás.
- Yo no tengo nada significativo para contribuir.
- No hay nada que pueda hacer.
- Mi influencia está disminuyendo.
- Dios quiere usar principalmente a personas más jóvenes.
- La nueva generación no recibirá de mí.
- Las promesas de Dios son más aplicables a las personas más jóvenes.

La Verdad

Dios usa frecuentemente a personas mayores para hacer grandes cosas. Los ejemplos en las Escrituras son muchos: 1) Abraham tenía 100 años y Sarah 90 cuando se cumplió su promesa (Génesis 21). 2) Moisés comenzó su ministerio a los 80 años. 3) Caleb todavía seguía conquistando a la edad de 85 años. 4) El propósito principal que tuvieron Zacarías y Elizabeth en sus vidas fue liberado en la vejez (Lucas 1). 5) Jacob, justo antes de su muerte, marcó la historia de la nación de Israel por bendecir a sus hijos (Génesis 48). 6) Daniel todavía seguía influenciando poderosamente a naciones y líderes políticos en sus últimos años (véase el libro de Daniel).

Estrategias Para Vencer y Conquistar Esta Mentira

1. **Cree que tienes un futuro y una esperanza** – ¡Dios no ha terminado todavía contigo! Hay una razón por la que todavía estás aquí. Los pensamientos de Dios hacia ti continúan siendo que tienes un futuro y una esperanza (Jeremías 29:11). Créelo.

2. **Date cuenta de que tienes una poderosa impartición y bendición para dar** – Josué recibió sabiduría porque Moisés puso sus manos sobre él (Deuteronomio 34:9). Podemos liberar para las futuras generaciones, la clase de bendiciones que dirigen vidas. (Génesis 48,49). La imposición de manos es uno de los principios básicos de la fe Cristiana (Hebreos 6: 1-3). Los que tienen más edad pueden tal vez no trabajar tan duro como antes, pero tienen algo más importante que hacer: impartir y bendecir.

3. **Aclara tu llamado actual** – Algo poderoso sucede cuando nos queda claro lo que estamos llamados a hacer ahora. Tal vez no sea lo mismo que antes, pero el cielo nos respaldará si vivimos con propósito. Ya sea que estés llamado a ser un alentador, un intercesor, un maestro, un padre o madre espiritual, el que bendice o cualquier otra cosa; es importante para ti determinar cuál es tu propósito y llamado ahora.

Declaraciones Para Renovar Tu Mente

- Mi vida tiene significado y en este momento tengo algo importante que hacer.
- Tengo una poderosa bendición e impartición para dar.
- Mis mejores días están por venir.

10 Soy Demasiado Joven Para Causar Un Impacto

Suposiciones Cómicas Detrás De Esta Mentira

- No tengo ninguna influencia porque soy joven.
- Mientras sea joven mis palabras y oraciones no serán poderosas ni efectivas.
- Si yo fuera un año mayor, las cosas serían diferentes.
- Un avivamiento nunca puede comenzar por un niño o un joven.
- La madurez y los dones van siempre de acuerdo a tu edad.
- Dios mira mi edad antes de ver mi corazón.
- Es más fácil ver milagros y ser usado por Dios cuando eres mayor.

La Verdad

Frecuentemente Dios usa de manera poderosa a la generación más joven. 1) Dios no estaba de acuerdo con la auto-evaluación de Jeremías, sobre que él era demasiado joven para tener un ministerio significativo (Jeremías 1:6-7). 2) David era el menor de todos sus hermanos y fue ungido como rey cuando era un joven (1 Samuel 16:11-13). 3) En 1 Timoteo 4:12 el apóstol Pablo instruye a Timoteo para que no permita que nadie lo menosprecie por su juventud, sino que sea de ejemplo. 4) María era una joven cuando dio a luz al Salvador del mundo (Lucas 1:34-38). 5) El alimento de un joven fue utilizado por Jesús para alimentar a 5,000 personas (Juan 6:9-13). 6) Samuel fue llamado por Dios a profetizar y ministrar delante del Señor siendo aún niño.

Estrategias Para Vencer y Conquistar Esta Mentira

1. **Dale a Dios lo poco que tienes, para que él tenga la oportunidad de hacer grandes cosas** – Así como Jesús usó el niño con los cinco panes y los dos peces, ¡Él te puede utilizar a ti! Dios no pide que esperes hasta que sientas que tienes mucho que ofrecer, sólo te pide que le ofrezcas lo que tienes.

2. **Cree que con tu estilo de vida estás influenciando a aquellos que son mayores que tú** – "No permitas que nadie menosprecie tu juventud, sino sé ejemplo a los creyentes en palabra, conducta, amor, fe y pureza" (1 Timoteo 4:12 NBH). Deja que tu vida hable más que tus palabras y así tendrás influencia.

3. **Busca el mismo sentir que tienen los padres espirituales que están siendo usados por Dios** – Josué tuvo la victoria y la sabiduría en gran parte por su relación con su padre espiritual Moisés (Deuteronomio 34:9 y Éxodo 17:8-13). Nosotros también podemos acelerar nuestro crecimiento a raíz de honrar a los líderes claves en nuestra vida.

Declaraciones Para Renovar Tu Mente

- Estoy dando ejemplo a los demás en espíritu, palabra, conducta, amor, fe y pureza.
- A pesar de mi edad, Dios me está usando poderosamente.
- Dios provee maravillosos padres y madres espirituales para mi vida.

11

Soy Un Fracaso

Suposiciones Cómicas Detrás De Esta Mentira

- Dios me ve a través del lente de mis errores pasados.

- Otros pueden recuperarse de los mismos errores que yo he cometido, pero yo no puedo.

- Si fallo, esto demuestra que soy un fracaso como persona.

- Yo no tengo lo que se necesita para tener éxito.

- He cometido este error demasiadas veces para ser perdonado o como para esperar que la gracia de Dios me ayude.

- Cada vez que doy un paso hacia delante, camino dos pasos hacia atrás.

- Dios no se ha dado por vencido con otros, pero si se ha dado por vencido conmigo.

- Debido a mis fracasos del pasado, no puedo tener un futuro importante.

La Verdad

Los fracasos del pasado no crean tu identidad, ni tampoco te descalifican de tener un impacto significativo en el futuro. 1) Pedro negó a Cristo tres veces, pero más tarde fue restaurado y predicó el mensaje que dio nacimiento a la iglesia (Hechos 2: 14-41). 2) Moisés falló en el inicio de su "ministerio", pero aún así se convirtió en un gran líder (Éxodo 2: 11-15; Éxodo 14,15). 3) Abraham fracasó cuando él y Agar concibieron a Ismael, pero aún así, la nación de Israel vino de él (Génesis 16-21). 4) David cometió adulterio y asesinó a uno de sus propios hombres; sin embargo, se arrepintió y fue registrado como alguien conforme al corazón de Dios (Hechos 13:22). 5) Incluso Sansón, después de fracasar miserablemente, causó gran destrucción contra el enemigo (Jueces 16: 25-30).

Estrategias Para Vencer y Conquistar Esta Mentira

1. **Cree que Dios te ve a través del lente de la muerte y resurrección de Jesús** – "Como está de lejos el oriente del occidente, así alejó de nosotros nuestras transgresiones" (Salmo 103: 12 LBA). Cuando nos volvemos a Dios, ¡Él nos perdona y vuelve a escribir nuestra historia!

2. **Supera el compararte con otros (2 Corintios 10:12)** – No trates de ser otra persona. Celebra tu singularidad y el llamado personal que tienes de parte de Dios. Sé la mejor versión de ti mismo.

3. **Confía en que Dios usa todas las cosas para tu bien (Romanos 8:28)** – Cuando nuestros corazones se vuelven hacia Él, Dios hace de nuestros errores algo poderoso para nuestras vidas y las vidas de otros.

Declaraciones Para Renovar Tu Mente

- Yo soy exitoso y marco una diferencia positiva en las vidas de los que me rodean.
- Cada día tengo más y más éxito en el cumplimiento del propósito de Dios para mi vida.
- Dios hace algo glorioso de mis fracasos del pasado.
- En Cristo Jesús soy más que vencedor.

12 No Soy Un Evangelista

Suposiciones Cómicas Detrás De Esta Mentira

- Mi experiencia pasada determina quién realmente soy.
- El Espíritu Santo en mí, no es evangelista.
- Si no he sido evangelista en el pasado, no puedo serlo en el futuro.
- Es imposible que cambie y haga lo que la Biblia dice que puedo hacer.
- Mi tipo de personalidad no se presta para alcanzar a otros para Cristo.
- Mis oraciones por los perdidos son totalmente inefectivas.
- Mis fracasos anteriores en el evangelismo significa que tengo que dejar de tratar de traer salvación a aquellos que no conocen a Jesús.

La Verdad

Dios trae salvación a otros a través de diversas personalidades y diferentes métodos. 1) Andrés invitó a alguien a venir a un lugar donde encontrarían a Jesús (Juan 1: 40-42). 2) Las "alabanzas a Dios" de Pablo y Silas en un momento difícil, causaron que toda la familia del carcelero fuera salva (Hechos 16: 23-34). 3) La explicación de Pedro de un "Dios Grandioso" y sobrenatural trajo 3,000 al Reino (Hechos 2:14- 41) 4). Jesús habló vida a una mujer junto a un pozo, y le dio una palabra de conocimiento; como resultado, la mujer trajo muchos otros a Él (Juan 4:39). 5) Felipe era espiritualmente observador e hizo una pregunta clave a un líder político, que dio lugar a que él viniera a la salvación (Hechos 8: 26-39).

Estrategias Para Vencer y Conquistar Esta Mentira

1. **Cree que eres un evangelista** – Pablo le dijo a Timoteo: "Haz la obra de evangelista" (2 Timoteo 4:5). Lo que implica aquí es que la experiencia de Timoteo no era la de un evangelista. En respuesta a eso, Pablo básicamente le dice, "Tú eres más evangelista de lo que piensas. Levántate y brilla. Toma pasos para alcanzar a otros para Cristo. Dios bendecirá tus esfuerzos."

2. **Encuentra tu propio estilo de Evangelización** – Hay una manera especial para que tú puedas alcanzar a otros para Cristo (ej. evangelismo amistoso, de poder, personal, por invitación, de amor, etc.). Todos debemos aprender tantos métodos evangelísticos como sea posible, pero es importante encontrar nuestro propio estilo y con entusiasmo caminar en él.

3. **Continúa priorizando el Evangelismo** – Celebra y deléitate en los testimonios de salvación, habla de las almas que están siendo salvas, enfatiza los bautismos en agua, lee libros, escucha música, asiste a seminarios de evangelismo, aprende técnicas de evangelismo y haz otras cosas que impacten tu vida para alcanzar a los perdidos.

Declaraciones Para Renovar Tu Mente

- Muchos son nacidos de nuevo debido a mi vida.
- Tengo un don único para alcanzar a los perdidos para Cristo.
- Cada día influencio a personas para venir a Jesús.

Suposiciones Cómicas Detrás De Esta Mentira

- Dios está sorprendido y totalmente imposibilitado por lo que las personas en mi vida están haciendo. Las decisiones de los demás hacen que sea imposible que mi llamado se cumpla.

- El cumplimiento de mi llamado está más determinado por los demás, que por mí.

- No hay manera de que lo que está pasando en mi vida pueda ser usado por Dios para darme más influencia y ministerio.

- Me casé con la persona equivocada y por eso no hay esperanza en mi situación.

- Si una relación no es beneficiosa al instante, no me puede llevar a mi llamado.

La Verdad

Muchos santos han sobrellevado a personas difíciles. 1) David tenía un padre que no creía en él, hermanos que lo menospreciaban y un rey que intentó matarlo; pero aún así, cumplió su llamado (1Samuel 16:10-13; 17:28; 24:1-2). José cumplió su sueño y su destino a pesar de que sus hermanos lo vendieron como esclavo, de que la mujer de Potifar lo acusara falsamente de violación y de que el jefe de los coperos se olvidara de él (Génesis 37: 23-24; 3:7-23; 40:23). 3) Jesús sobrellevó a sus discípulos disfuncionales y a una comunidad religiosa que se opuso a Él. 4) Noé y su familia fueron las únicas personas justas de su época; pero aún así, cumplió su llamado (Génesis 6:13-22).

Estrategias Para Vencer y Conquistar Esta Mentira

1. **Renueva tus pensamientos acerca de la personas en tu vida** – Empieza a creer que las personas o relaciones problemáticas son en realidad oportunidades para llegar más lejos en Dios.

2. **Cree en el poder de Su llamado en tu vida** – Dios tiene una habilidad inusual para hacernos cumplir con nuestro llamado a pesar de la gente difícil en nuestras vidas (ver ejemplos anteriores). Aún si hemos tomado decisiones equivocadas en nuestras relaciones, Él nos ayudará (como lo hizo con Sansón) a marcar una tremenda diferencia espiritual (Jueces 16:4-30).

3. **Date cuenta de que tu respuesta a las personas en tu vida tiene un mayor peso que las personas en sí** – La respuesta hacia Jesús por las personas en Su ciudad natal tuvo un mayor impacto en el crecimiento de estas personas, que el hecho en sí de que Jesús estuviera presente. En lugar de buscar nuevas personas en nuestras vidas, vamos a buscar nuevas formas de pensar acerca de las personas que ya están. Esto no quiere decir que nos quedemos en relaciones abusivas, pero sí significa que nos damos cuenta de que tenemos que tener un plan para ver a las personas cada vez más como Dios las ve.

Declaraciones Para Renovar Tu Mente

- Veo a la gente en mi vida como oportunidades estratégicas y no como obstáculos.
- He renovado mis pensamientos acerca de mi llamado y de la gente en mi vida.
- Todos los días estoy avanzando y doy pasos hacia mi llamado.

14 Los Requisitos Para Ir Al Cielo Son Las Buenas Obras

Suposiciones Cómicas Detrás De Esta Mentira

- Creer en Jesús y nacer de nuevo no son necesarios para ser salvos.

- Juan 3:16 no es verdad cuando dice "que todo aquel que en Él cree, no se pierda, mas tenga vida eterna". Dios quería decir "que todo aquel que se porta mejor que los demás, no se pierda más tenga vida eterna".

- La muerte de Jesús en la cruz no era necesaria, ya que de todas formas las personas van al cielo sólo por portarse bien.

- Así como todos los caminos te pueden llevar a Roma, todas las religiones te llevan al cielo.

- Los libros de Gálatas y Romanos están mintiendo cuando dicen que la fe en Cristo y no en las buenas obras es el camino a la salvación y al cielo.

- No hay necesidad de un Nuevo Testamento de gracia y fe, ya que Dios mismo no puede desplazar el Antiguo Testamento, basado en la ley y las obras.

La Verdad

La verdadera fe en Cristo salva y no las buenas obras. 1) "Porque por gracia sois salvos por medio de la fe, y esto no de vosotros; pues es don de Dios; no por obras, para que nadie se gloríe" (Efesios 2:8-9). 2) "Justificados, pues, por la fe, tenemos paz para con Dios por medio de nuestro Señor Jesucristo" (Romanos 5:1). 3) "Que si confesares con tu boca que Jesús es el Señor, y creyeres en tu corazón que Dios le levantó de los muertos, serás salvo" (Romanos 10:9). 4) "Sabiendo que el hombre no es justificado por las obras de la ley, sino por la fe en Jesucristo" (Gálatas 2:16).

Estrategias Para Vencer y Conquistar Esta Mentira

1. **Sumérgete en las epístolas (Romanos a Judas)** – Satúrate de las escrituras de Pablo- especialmente las de Gálatas y Romanos. Pídele a Dios por una revelación acerca de la fe que salva.

2. **Respóndele a Dios esta pregunta con precisión** – "¿Por qué debo dejarte entrar al cielo?". La única respuesta aceptable de acuerdo a la Biblia es "Me debes dejar entrar al cielo por lo que Jesús hizo por mí. Su muerte y su resurrección me han dado el camino para estar contigo por la eternidad. ¡Yo creo!". Cualquier respuesta que se enfoca en las buenas obras nos descalifica.

3. **Comprométete a alcanzar a otros con el evangelio** – Conforme le damos mayor prioridad al evangelismo en nuestras vidas, reforzamos las verdades básicas del Cristianismo y esto nos ayuda a mantenernos en el camino en nuestras propias creencias fundamentales.

Declaraciones Para Renovar Tu Mente

• Soy salvo por medio de la fe y no por obras.

• Las buenas obras son el resultado de buenas creencias y yo tengo creencias en una sana doctrina.

• La revelación acerca de la grandeza de la muerte y la resurrección de Cristo está rebosando en mí.

15 No Soy Digno De Ser Bendecido

Suposiciones Cómicas Detrás De Esta Mentira

- Yo pude haber sido salvo por gracia, pero soy bendecido conforme a mis obras.
- Lo que más le interesa a Dios es cómo actúo.
- Si me comporto un poco mejor que el cristiano promedio seré bendecido.
- He metido la pata demasiadas veces para ser bendecido.
- Hay gente más digna de la bendición de Dios que yo.
- Dios me tiene que disciplinar antes de que me pueda bendecir.
- Dios no me puede bendecir hasta que yo sea perfecto.
- Dios no puede confiarme Su bendición.

La Verdad

Jesús ha hecho a los creyentes dignos de ser bendecidos. 1) Abraham, nuestro ejemplo de fe, creyó y le fue "contado por justicia". Su fe en las promesas de Dios trajo una bendición que no dependía de sus obras (Gálatas 3:6). 2) "Como David también describe la bienaventuranza del hombre a quien Dios atribuye justicia sin las obras, diciendo: 'Bienaventurados aquellos cuyas iniquidades son perdonadas, y cuyos pecados son cubiertos. Bienaventurado el varón a quien el Señor no imputará pecado'". Romanos 4:6-8). 3) Jesús tomó la maldición que nos merecíamos, para que nosotros pudiéramos caminar en la bendición que Él merecía (Gálatas 3:13-14).

Estrategias Para Vencer y Conquistar Esta Mentira

1. **Encuentra tu identidad como un precioso hijo de Dios** – Dios te ha adoptado en Su familia, (Efesios 1:5, Gálatas 4:4-6) y tú eres Su amado. Él es un buen Padre que sólo quiere lo mejor para ti (Lucas 11:11-13). ¡Tu posición como Su hijo declara que eres digno!

2. **Date cuenta de que no se trata de ti - ¡se trata de Él!** – Como éramos pecadores en el pecado de Adán (no el nuestro), somos justificados en la justicia de Cristo, no en la nuestra (Romanos 5:17-19). Tú estás crucificado con Cristo y ya no eres tú quien vive, sino Él, y Él es sumamente digno (Gálatas 2:20).

3. **Empieza a esperar que la bendición te siga** – El favor marca tu vida como Su hijo o hija, no tenemos que perseguir oportunidades, finanzas, salud, buenas relaciones o cualquier bendición- ¡son sobrenaturalmente atraídas por el favor en nuestras vidas! José constantemente era puesto en situaciones difíciles, pero el favor de Dios lo marcó para subir a la cima en cada una de ellas.

Declaraciones Para Renovar Tu Mente

- Soy un hijo amado de Dios y Él se deleita al darme cosas buenas.
- Cuando Dios me ve, ¡Ve la justicia de Jesucristo!
- Soy bendecido en todo lo que hago; la bondad de Dios es atraída hacia mí.

16 Soy Lo Que Mi Experiencia Pasada Dice Que Soy

Suposiciones Cómicas Detrás De Esta Mentira

- Mi identidad es determinada por mi pasado y no por la Palabra de Dios.
- Debido a mis repetidos fracasos, no soy quien Dios dice que soy.
- Lo que he experimentado, anula las promesas de Dios sobre mí.
- Como Cristiano mi naturaleza es pecar.
- Dios me sobreestimó.
- Yo vivo por vista y no por fe.
- Las palabras proféticas de Dios sobre mi vida deben estar equivocadas.

La Verdad

Yo soy quien Dios dice que soy, no lo que mi experiencia dice que soy. 1) Dios llamó a Abraham padre de muchas naciones antes de que tuviera hijos. (Génesis 17). 2) Cuando Gedeón pensaba que era el más débil de los débiles, Dios dijo que era un gran líder, (Jueces 6:11-16). 3) Moisés era inseguro y tartamudo, pero le fue dicho que él era el libertador de Israel (Éxodo 3,4). 4). Desde el punto de vista de Dios, José fue un gran líder aún mientras estaba preso (Génesis 39,40). 5) Jesús llamó a Pedro "roca" y planeaba edificar su iglesia a través de él, a pesar de que Pedro lo negaría tres veces (Mateo 16:18). 6) David fue ungido rey mientras aún vivía como un pastor (1 Samuel 16:13).

Estrategias Para Vencer y Conquistar Esta Mentira

1. **Mira la vida desde la perspectiva de Dios** – El hombre tiende a sacar conclusiones observando las apariencias externas que resultan de las experiencias del pasado, pero Dios tiene una perspectiva mucho más alta (1 Samuel 16:7, Isaías 55:8,9). Estamos llamados a ver la vida (especialmente la nuestra) a través de los pensamientos de Dios.

2. **Llama esas cosas en tu vida que no existen como si existiesen (Romanos 4:17)** – Esta es la forma en la que Dios trae vida a las áreas muertas de nuestra vida. Romanos 4 revela el trayecto de Abraham de romper su acuerdo con sus experiencias y ponerse de acuerdo con Dios. Una de las formas principales en que lo pudo llevar a cabo fue llamándose a sí mismo quien era "antes de llegar a serlo".

3. **Rodéate de personas que motivan** – A fin de estar lleno de esperanza y motivación, rodéate de personas como Josué, Caleb y Bernabé. Como parte de tu plan para motivarte, satúrate de enseñanzas que construyen la esperanza de esta verdad: Yo no soy lo que mi experiencia me dice que soy, sino que soy quien Dios dice que soy.

Declaraciones Para Renovar Tu Mente

• Soy el que Dios dice que soy, no lo que mi experiencia me dice que soy.

• Mi justificación está sellada en la obra terminada de Cristo.

• Al creer la verdad de quien realmente soy, mi experiencia es transformada.

17 Los Mejores Cristianos Son Aquellos Que Tienen Ministerios

Suposiciones Cómicas Detrás De Esta Mentira

- Aquellos sin un ministerio prominente son cristianos deficientes.

- Los mejores lugares del cielo están reservados para los predicadores y líderes de alabanza.

- El amor de 1 Corintios 13 no tiene importancia, siempre y cuando yo esté haciendo grandes cosas exteriores que son muy conocidas.

- Todos los cristianos deben buscar primero el tener un ministerio famoso.

- Las personas que no están seguras ni capacitadas para tener un ministerio público, deben vivir deprimidos.

- Las cosas hechas en secreto pasan desapercibidas y no serán recompensadas.

- El rey David se convirtió en una gran persona sólo después de haber matado a Goliat.

- Dios no está interesado en levantar líderes en los negocios, en la educación o en cualquier ámbito que no sea la iglesia.

La Verdad

La mayoría de los grandes ministerios no son ministerios públicos. Aquí hay algunos ejemplos: 1) La oración (1 Timoteo 2:1-4). 2) La exhortación (Hebreos 10:23-25). 3) El amor (1Corintios 13). 4) La generosidad (Romanos 12:8). 5) El evangelismo (Hechos 8:26-38). 6) El discipulado (2 Timoteo 2:2). 7) La dedicación a tu familia (Efesios 5:21-6:3). 8) El ser un escudero para un líder (1 Samuel 14). 9) La administración y la ayuda (1 Corintios 12:28).

Estrategias Para Vencer y Conquistar Esta Mentira

1. **Date cuenta de que la gente no tiene grandes ministerios por tratar de tener un gran ministerio, sino por tener altas creencias y excelentes prioridades** – Nos convertimos en un líder porque la gracia de Dios ha traído transformación en nosotros. Las verdades y experiencias que resultan de esto nos hacen padres y madres espirituales, independientemente de si esto es expresado o no públicamente.

2. **Decide hacer las cosas pequeñas de una gran manera** – Cualquier cosa que hagas en fe para Jesús tiene significado. No necesitamos ser conocidos por las multitudes para impactar al mundo de una manera poderosa.

3. **Honra a aquellos en el cuerpo de Cristo que sirven detrás del escenario** – Celebra a aquellos con el don de ayuda. Honra a los que son llamados a la oración. Reconoce y celebra a aquellos que sirven como ujieres, visitan a los enfermos, van a las cárceles, practican la hospitalidad, consuelan a los que sufren, dan con sacrificio o sirven en otras formas aparentemente poco espectaculares.

Declaraciones Para Renovar Tu Mente

• Soy una parte importante en el cuerpo de Cristo.

• Honro a aquellos con los ministerios públicos, pero también honro a los que ministran detrás del escenario.

• Yo soy una persona que tiene grandes creencias y excelentes prioridades.

18 Soy Una Persona Desorganizada

Suposiciones Cómicas Detrás De Esta Mentira

- La Biblia dice que tengo dominio propio, pero eso no incluye la habilidad de tener orden en mi vida.
- El decir constantemente cosas como "soy desorganizado" o "no soy buen administrador", no tiene nada que ver con lo que me suceda en el futuro es esas áreas de mi vida.
- El don de administración sólo obstaculiza el avance del Reino.
- La renovación de la mente no afecta el nivel de organización de una persona.
- Los únicos que regularmente reservan tiempo para organizar y planear son las personas no espirituales.
- Dios prefiere obrar a través de personas que son espontáneas.
- Estoy demasiado ocupado para ser organizado.

La Verdad

Las personas de gran influencia ordenan sus vidas para lograr grandes cosas, y nosotros estamos hechos para influenciar a otros en gran manera. 1) Dios es un Dios de orden, y estamos hechos a Su imagen (Génesis 1:27). El tuvo un buen plan para la creación, para nuestra salvación, para el templo de Salomón y para muchas otras cosas en la Escritura. 2) Noe siguió un plan para construir el arca, aunque le tomó cien años para hacerlo (Génesis 6:14-22). 3) Jesús fue muy intencional en lo que hizo (y en lo que no hizo), para así poder llevar a cabo plenamente la redención de Dios. 4) El apóstol Pablo era sistemático en como presentaba el evangelio en las epístolas.

Estrategias Para Vencer y Conquistar Esta Mentira

1. **Cree que tienes dominio propio y la mente de Cristo** – Dios nos ha dado dominio propio (2 Timoteo 1:7). "Tenemos la mente de Cristo" (1 Corintios 2:16). El poder de Dios no es sólo para sanar y hacer milagros, sino también para organizar recursos, gente y tiempo para hacer cosas extraordinarias para Él de una manera sobrenatural.

2. **Dale prioridad a planear y crear estructuras para sustentar avivamiento personal y de grupo** – Invierte con regularidad y mejora tus habilidades en la administración básica, en la administración del tiempo, en la administración de personas, en establecer metas y en otros aspectos para organizar con éxito.

3. **Celebra tu progreso, no sólo tu perfección** – Así como un niño al principio no puede físicamente caminar bien, tampoco tú te harás instantáneamente organizado al primer intento. Sigue intentándolo y celebra los pequeños logros. No dejes que el fracaso te impida seguir intentándolo.

Declaraciones Para Renovar Tu Mente

- Yo organizo mi tiempo y mis recursos para lograr cosas para Dios.
- Soy espontáneo y a la misma vez organizado.
- Yo planeo bien para el futuro.

19

En Tiempos Económicos Malos No Es Sabio Tener Hijos

Suposiciones Cómicas Detrás De Esta Mentira

- En tiempos de crisis económica, los recursos de Dios son limitados.
- Si tenemos hijos durante un mal tiempo económico, Dios nos considerará irresponsables y removerá Su bendición de nosotros.
- Dios se arrepiente de habernos dicho que nos "multipliquemos y seamos fructíferos", porque no anticipó la recesión económica.
- Los hijos son la herencia del Señor, pero sólo si son planeados correctamente.
- Dios tolera que tengamos hijos, pero no se emociona por ello.
- Dios prefiere testimonios de paganos siendo salvos, que testimonios de aquellos que crecieron en hogares Cristianos.
- Cuando nace un bebé no planeado, Dios y los ángeles se preocupan si habrá suficiente provisión para el recién nacido.
- Nunca ha nacido una gran persona durante malos tiempos económicos.

La Verdad

Las grandes soluciones de Dios comienzan con el nacimiento de un bebe (normalmente en situaciones menos que ideales). 1) Moisés nació en un tiempo en el que no era sabio que las mujeres Hebreas tuvieran hijos (Éxodo 1,2). 2) Samuel llegó al mundo en un tiempo espiritualmente oscuro (1 Samuel 3:1). 3) Isaac y Juan el Bautista tuvieron padres que eran muy viejos (Génesis 21; Lucas 1). 4) Jesús nació en un entorno en el cual existían rumores sobre su ilegitimidad (Mateo 1:18-20).

Estrategias Para Vencer y Conquistar Esta Mentira

1. **Cree que los hijos son una bendición de Dios** – "He aquí, herencia de Jehová son los hijos; cosa de estima el fruto del vientre. Como saetas en mano del valiente, así son los hijos habidos en la juventud. Bienaventurado el hombre que llenó su aljaba de ellos; No será avergonzado cuando hablare con los enemigos en la puerta" (Salmos 127:3-5).

2. **Reconoce que la familia Cristiana es el plan número 1 de Dios para el evangelio y el avance del Reino** – "Fructificad y multiplicaos, llenad la tierra… "(Génesis 1:28). Este primer mandato en la Biblia sigue en el Corazón de Dios para Su pueblo. Sí, es bueno que una pareja se prepare en su estilo de vida y en las finanzas antes de tener hijos, pero nadie se puede preparar por completo para ser padres.

3. **Reconoce que Dios proveerá para tu familia** – Cuando dedicamos nuestras vidas y las de nuestros hijos al Señor, damos un paso importante en el avance de Su reino. Ya sea que nuestro hijo sea planeado o no, tomamos la promesa de provisión de Mateo 6:33 de "buscad primeramente el Reino de Dios".

Declaraciones Para Renovar Tu Mente

- Los hijos son una bendición del Señor.
- Dios proveerá sobrenaturalmente para las necesidades de mi familia y mis hijos.
- Dios ama a las familias y a los niños.

Suposiciones Cómicas Detrás De Esta Mentira

• Dios no tiene soluciones para mi problema de sobrepeso.

• Con sólo mirar la comida subiré de peso.

• Jesús puede resucitar a los muertos, pero a Él no le importa mi problema de peso.

• El metabolismo de las personas mayores hace que sea imposible que no suban de peso.

• Aunque hubiera soluciones, no podría implementarlas porque hay algo extremadamente malo en mí.

• Nadie en la historia de la humanidad con mi sobrepeso y mi temperamento ha perdido peso de manera significante y ha podido mantenerse así.

• Dios se siente frustrado conmigo sobre esto y no me quiere ayudar.

• La promesa "todo es posible" no incluye que yo pierda peso.

La Verdad

Dios tiene soluciones para los problemas persistentes y prolongados (1 Corintios 10:13). 1) Un hombre con una enfermedad que había durado treinta y ocho años fue sanado (Juan 5:1-15). 2) Un hombre cojo de nacimiento fue transformado a través de Pedro y Juan (Hechos 3:1-10). 3) Al tocar a Jesús una mujer recibió una milagrosa sanidad de un grave y persistente problema (Lucas 8:40-48). 4) Un niño fue liberado del hábito de tirarse al fuego (Marcos 9:21-27).

Estrategias Para Vencer y Conquistar Esta Mentira

1. **Desarrolla un plan para fortalecer la esperanza en tu vida** – El estar sin esperanza respecto al peso, es un problema mayor que el peso en sí. No existen situaciones sin esperanza, sólo personas sin esperanza. Una vez que la gente obtiene verdadera esperanza, la circunstancia no puede seguir igual. Encuentra maneras de alimentar tu esperanza.

2. **Sacúdete la condenación y ve confiadamente al trono de la gracia** – "Porque no tenemos un Sumo Sacerdote que no pueda compadecerse de nuestras flaquezas…acerquémonos con confianza al trono de la gracia para que recibamos misericordia, y hallemos gracia para la ayuda oportuna" (Hebreos 4:15-16 NBH). Los sentimientos de condenación son también un problema mayor que el sobrepeso en sí.

3. **Refrena tu lengua** – Santiago 3:2 dice que nuestros cuerpos pueden ser controlados si refrenamos nuestras palabras. Una de las mejores cosas que puedes hacer es hablar vida sobre tu cuerpo y sobre tu bienestar físico.

4. **Sigue tocando la puerta del bienestar físico** – No te rindas. Sigue intentando nuevas formas. Encontrarás la clave para tu situación.

Declaraciones Para Renovar Tu Mente

- Soy una máquina quema grasa que se mantiene en el peso ideal.
- Amo hacer ejercicio, comer bien y beber mucha agua.
- Tengo estrategias divinas para estar en el peso ideal.

21 Mi Vida Está Arruinada Por Esa Decisión Que Tomé

Suposiciones Cómicas Detrás De Esta Mentira

- Mi pasado define mi futuro.
- Ni siquiera Dios puede redimir esto.
- Mi pecado es más poderoso que las promesas de Dios.
- Definitivamente, no hay ninguna esperanza para mí.
- Mis acciones del pasado tienen más poder que mis creencias de hoy en día.
- Nadie puede ser restaurado de esta mala decisión.
- Las cosas nunca van a cambiar.
- Dios sólo usa a personas que no han cometido errores.

La Verdad

Dios puede redimir cualquier cosa, especialmente mi situación. 1) Dios usó a Sansón poderosamente aun después de su gran retroceso (Jueces 16). 2) Saulo (Pablo) escribió una gran parte del Nuevo Testamento, después de haber perseguido a los cristianos. 3) Dios redimió el adulterio y asesinato de David, dándole por hijo a Salomón (2 Samuel 12:24). 4) Pedro fue usado poderosamente en el libro de Hechos después de haber negado a Cristo tres veces. 5) El endemoniado Gadareno fue transformado en un evangelista para su ciudad (Marcos 5:20). 6) Jonás huyó del llamado de Dios, pero después trajo un avivamiento a Nínive (véase el libro de Jonás).

Estrategias Para Vencer y Conquistar Esta Mentira

1. **Persigue el avance y la victoria en esa área en que fallaste** – Muchas veces el área de nuestra lucha más grande, es donde obtenemos las más grandes victorias en la vida (y donde tenemos la mayor influencia). ¡Regocíjate en que Dios te va a ayudar a superar esta área de tu vida!

2. **Recuerda el poder de la sangre de Jesús** – Cuando fuimos cubiertos con la sangre de Jesús, fue lo suficientemente poderoso para limpiarnos de todos nuestros pecados, tanto los pasados, los presentes como los futuros. Nada es tan malo o tan fuerte para el poder redentor de la sangre de Jesús (Efesios 1:7).

3. **Declara y visualiza futuras victorias** – Si podemos tener una visión para nuestro futuro (esperanza propia basada en la bondad y las promesas de Dios), podemos tener poder para el presente. A medida que alineamos nuestros pensamientos con el plan de Dios para nuestra redención, esto desata avance y victoria en nuestras vidas.

Declaraciones Para Renovar Tu Mente

*   Yo vivo de la victoria de Cristo, no de la mía.
*   Cada mala decisión en mi vida es ahora redimida en una gran victoria.
*   ¡Estoy lleno de abundante esperanza!

22 No Puedo Cambiar

Suposiciones Cómicas Detrás De Esta Mentira

- El poder transformador de Dios, de restauración y redención no es lo suficientemente fuerte como para hacer que yo cambie.
- La renovación de la mente no transforma a personas como yo.
- Es más fácil para los demás cambiar, que para mí.
- El cambio es más fácil para la generación más joven.
- Mi personalidad es particularmente terca y resistente al cambio.
- Es demasiado tarde para que yo cambie, así que debería conformarme con vivir tal y como estoy.
- Si trato de cambiar, no va a funcionar e incluso perderé terreno.

La Verdad

Un cambio positivo es posible para todo tipo de personas. 1) Saulo, después de matar cristianos, se convirtió en uno de los cristianos de mayor influencia de todos los tiempos, a través de un encuentro con Dios (Hechos 9). 2) El Gadareno que estaba severamente endemoniado fue liberado y enviado inmediatamente como un misionero (Marcos 5:1-20). 3) Los "valientes" de David fueron una vez los incompetentes y desadaptados (1 Samuel 22: 1-2; 2 Samuel 23). 4) María Magdalena fue liberada de siete demonios para llegar a ser una poderosa seguidora de Jesús (Lucas 8:2). 5). En un día, la ciudad entera de Nínive se volvió de su maldad hacia un pleno arrepentimiento y avivamiento (Jonás 3:5-10).

Estrategias Para Vencer y Conquistar Esta Mentira

1. **Incrementa tu Esperanza** – El creer que no podemos cambiar, es en realidad un problema más grande que cualquier hábito negativo o situación que enfrentamos. El creyente del Nuevo Pacto debe enfocarse mucho más en lo que cree que en la conducta (Gálatas 3:1-5). La renovación intencional de nuestras mentes con la verdad, resultará en una conducta transformada (Romanos 12:2).

2. **Date tiempo para cambiar** – Cuando un agricultor siembra su cosecha, no se despierta temprano a la mañana siguiente para revisar la tierra, desanimándose por la falta de progreso. La transformación es el proceso de ir de "Gloria en Gloria" que resulta no sólo de cambiar lo que creemos, sino de tener intimidad con Dios (2 Corintios 3:18).

3. **Nunca dejes de empezar** – "No nos cansemos, pues, de hacer el bien, porque a su tiempo segaremos si no desmayamos" (Gálatas 6:9). ¡Nunca te rindas! ¡Nunca te rindas! ¡Nunca te rindas! Si te caes, levántate otra vez. Si algo no funcionó, intenta otra cosa. Dios tiene 100 ideas de cómo el cambio puede suceder (Santiago 1:5).

Declaraciones Para Renovar Tu Mente

- Es fácil para mí cambiar.
- Mi intimidad con Cristo, produce una transformación.
- Todos los días estoy siendo transformado para verme más como Cristo.
- Me emociono cuando encuentro un área de mi vida que necesita un cambio.
- Mi esperanza está creciendo.

Una Maldición Es Más Poderosa Que Una Bendición

Suposiciones Cómicas Detrás De Esta Mentira

- La oscuridad es más poderosa que la luz.

- Aunque Satanás está derrotado, sus maldiciones todavía son poderosas.

- Las maldiciones generacionales son más poderosas que las bendiciones generacionales.

- Si nos maldicen, deberíamos preocuparnos por el mal que viene hacia nosotros; pero si nos bendicen no debemos esperar que vengan cosas extremadamente buenas a nosotros.

- Cuando alguien dice "Dios te bendiga", esto realmente no tiene poder, es sólo un decir.

- La obra de Cristo en la Cruz es fácilmente anulada por una maldición.

La Verdad

Los cristianos son liberados de maldiciones y son bendecidos. 1) Así como Jesús tomó nuestros pecados, también tomó nuestras maldiciones y nos ofrece bendiciones a cambio. "Cristo nos redimió de la maldición de la ley, hecho por nosotros maldición… a fin de que la bendición de Abraham viniese sobre los gentiles a través de Jesucristo (Gálatas 3: 13-14). 2) Tenemos autoridad sobre el dador de maldiciones. "Miren, les he dado autoridad… sobre todo el poder del enemigo"(Lucas 10:19 NBH). 3) Una bendición es más poderosa que una maldición (así como la luz es más poderosa que la oscuridad). Los Patriarcas bendijeron a sus descendientes y la historia todavía está siendo afectada. "Por la fe bendijo Isaac a Jacob y a Esaú respecto a cosas venideras, por la fe Jacob. . . bendijo a cada uno de los hijos de José" (Hebreos 11: 20-21 NBH).

Estrategias para Vencer y Conquistar Esta Mentira

1. **Satúrate de la verdad acerca de la grandeza de nuestra salvación** – Es más grande de lo que entendemos. La derrota de Satanás fue más contundente de lo que jamás se ha entendido. Jesús pudo haber dicho "Satanás está derrotado", pero dijo: "Consumado es". Lo único que nos queda a nosotros por hacer es creer Colosenses 2:15 – " y despojando a los principados y a las potestades, los exhibió públicamente, triunfando sobre ellos en la cruz"(RVR 1960).

2. **Recibe cada bendición a través de la fe** – "Preocúpate" intencionadamente con Dios por el bien que te sobrevendrá después de que los cristianos te bendigan.

3. **Construye confianza en tu autoridad espiritual** – "Resistid al diablo y él huirá de vosotros" (Santiago 4:7) Hay un estilo de vida disponible, libre de temor al diablo. Obviamente, no queremos ser tontos o ingenuos con respecto a lo demoníaco, pero tampoco necesitamos temer.

Declaraciones Para Renovar Tu Mente

*   La luz es más poderosa que las tinieblas..
*   Las bendiciones son mucho más fuertes que las maldiciones.
*   Las bendiciones que han sido pronunciadas sobre mí, me protegen de cualquier maldición en mi atmósfera.

24 Esa Relación Nunca Puede Ser Sanada O Restaurada

Suposiciones Cómicas Detrás De Esta Mentira

- La falta de comunicación y las relaciones rotas me siguen a todas partes.
- Tendré que hacer todo a la perfección para restaurar esta relación. Todo depende de mí. Dios no ha hecho, ni hará nada al respecto.
- A Dios sólo le importa que mi ministerio sea exitoso, y no mis relaciones.
- Todas las cosas son posibles, pero la restauración de esta relación no lo es.
- La restauración depende de la disposición que la otra persona tenga para cambiar.
- La restauración de las relaciones no está incluída en nuestra salvación.
- Debido a que hay algo específicamente malo en mí y puesto que no me lo merezco, esta relación no puede ser restaurada.

La Verdad

La restauración es posible para toda relación. 1) Pablo fue restaurado con los cristianos después de ser marginado por matarles y perseguirles (Hechos 9:26-28). 2) Pablo y Marcos fueron restaurados entre sí después de que Pablo había considerado a Marcos no apto para el ministerio (Hechos 15:37-41, Colosenses 4:10). 3) José fue restaurado con sus hermanos, aun después de que sus hermanos lo habían vendido como esclavo (Génesis 45:4-16). 4) Jacob y Esaú recibieron sanidad en sus corazones y su relacion fue restaurada, después de que Esaú había despreciado a Jacob durante veinte años y hasta había deseado su muerte (Génesis 27:41, Génesis 33:4). 5) Pedro fue restaurado después de negar tres veces a Jesús (Juan 21:15-17).

Estrategias Para Vencer y Conquistar Esta Mentira

1. **Da prioridad a las relaciones saludables** – Hacer lo que podamos para mantener la paz con los demás es tan vital, que Dios dice que si entramos en la adoración y estamos en desacuerdo con otra persona, debemos parar inmediatamente, hacer las paces, y luego regresar a la adoración (Mateo 5: 23-24). Debemos hacer todo lo posible de nuestra parte para vivir en paz con todos (Romanos 12:18).

2. **Arrepiéntete por tus fallas** – Asume la responsabilidad por cualquier maldad que hayas hecho y pídele a la persona que te perdone (Mateo 7: 5). Las defensas se derrumban cuando llegamos a ser vulnerables con nuestras faltas.

3. **Elige perdonar** – Perdona a la otra persona por cualquier mal o daño que te haya causado. El perdonar no es un sentimiento; es una decisión. Anula todas las deudas y restablece el estándar (Colosenses 3:13). Nota: Podemos caminar en el perdón y aún así tener límites saludables en nuestras relaciones.

Declaraciones Para Renovar Tu Mente

*   Yo camino en el perdón hacia todos los que conozco.
*   La paz reina en mi relación con _____.
*   Todas mis relaciones son saludables, llenas de vida y rebosantes de gozo.

25 Yo No Tengo Ninguna Influencia En Este Lugar

Suposiciones Cómicas Detrás De Esta Mentira

- Soy una víctima de las percepciones que los demás tienen de mí.
- No debería esperar tener influencia o favor en mi casa o área local.
- Yo no influyo en la atmósfera espiritual en este lugar porque mayor es el que está en el mundo, que Él que está en mí.
- Yo soy tolerado pero no celebrado.
- A raíz de luchar por comunicarme, no tengo influencia.
- Se me ha dado el dominio sobre toda la tierra, excepto este lugar.
- Dios nos ha dado todo lugar que pise la planta de nuestros pies, pero mis pies deben ser defectuosos o algo así.
- Si yo no veo que algo que suceda, significa que nada está sucediendo

La Verdad

Nuestro favor e influencia crecerá constantemente, a medida que renovemos nuestra mente con la verdad. 1) José demostró un excelente espíritu en la prisión que lo llevo a ser promovido a una increíble posición de autoridad en Egipto (Génesis 41:38-45). 2) Daniel prosperó internamente durante los años oscuros de Israel; y como resultado, influenció de gran manera a reyes y naciones impías y escribió un libro que fue elegido por Dios para estar en la Biblia. 3) Pablo se quedó en el barco (tanto físicamente como en su actitud), después de que rechazaron su buen consejo, y se convirtió en la influencia clave para la crisis que les sobrevino luego (Hechos 27). 4) Los discípulos sin educación pasaron de tener poca influencia a trastornar el mundo porque "habían estado con Jesús" (Hechos 4:13; 17:6).

Estrategias Para Vencer y Conquistar Esta Mentira

1. **Celebra el favor y la influencia que ya tienes** – Nadie es valorado tanto como le gustaría ser valorados pero cada uno tiene influencia en situaciones y en gente importante. Si administramos esto bien y estamos agradecidos por el favor que ya tenemos, nos vendrá más.

2. **Cree que caminas en creciente favor e influencia porque Cristo vive en ti** – "Jesús crecía. . . en gracia [favor] para con Dios y los hombres" (Lucas 2:52), y así también nosotros en la medida que entendemos quiénes somos en Él.

3. **Gánate primero a las personas, y así tus palabras tendrán más efecto** – "[Esposos incrédulos], sean ganados sin palabra por la conducta de sus esposas" (1 Pedro 3:1). En lugar de rogarle a Dios que cambie el comportamiento de las personas, vive de tal manera que cautives sus corazones.

Declaraciones Para Renovar Tu Mente

• Estoy creciendo en favor para con Dios y los hombres.

• Mi influencia está creciendo.

• La prosperidad de mi alma actual me está llevando a mayores niveles de influencia para el futuro.

Siempre Me Estreso En Los Aeropuertos Y Embotellamientos

Suposiciones Cómicas Detrás De Esta Mentira

- Soy propenso a estar tenso e irritado en los aeropuertos y en medio del tráfico.

- Dios entiende que en estas situaciones tiendo a estar de mal humor, así que espera a que se me pase para luego hablar conmigo.

- Si Jesús estuviera en la tierra hoy, también estaría tenso en los aeropuertos, y tendría enojo en las carreteras con tráfico.

- Es imposible no ser controlado por las emociones negativas a mi alrededor.

- Si llego tarde o pierdo un vuelo, Dios no tiene soluciones ni puede hacer que todo obre para bien.

- No hay propósito ni oportunidades divinas en un aeropuerto congestionado o en tráfico pesado. Siempre es un ataque del diablo que tiene que ser resistido.

La Verdad

Hay una gracia especial disponible para cada situación que enfrentamos. 1) Hay gracia para alabar y adorar. La alabanza de Pablo y Silas creó un avivamiento, en una estresante y terrible prisión (Hechos 16:16-34). Hay gracia que provee fortaleza. "Bástate mi gracia; porque mi poder se perfecciona en la debilidad" (2 Corintios 12:9). Pablo recibió esta promesa cuando estaba enfrentando una frustración continua. Hay gracia que libera y se manifiesta cada vez más a medida que caminamos en paz. "Pero Él, pasando por en medio de ellos [que querían matarlos], se fue" (Lucas 4:30).

Estrategias Para Vencer y Conquistar Esta Mentira

1. **Reconoce que ésta es una oportunidad para ejercitar tu "músculo" de la paz** – "Y el Dios de paz aplastará en breve a Satanás bajo vuestros pies" (Romanos 16:20). Jesús dormía durante la tormenta, y luego se levantó para reprenderla (Marcos 4:35-41). Las situaciones estresantes crean una oportunidad de acceder a niveles más altos de paz, que nos darán una mayor autoridad sobre las tormentas de la vida.

2. **Desarrolla técnicas para administrar tu tiempo, pero despójate del perfeccionismo para que puedas disfrutar del viaje** – Darse tiempo extra al viajar puede reducir bastante estrés. Aun así, nadie puede preverlo adecuadamente todas las veces o ser capaz de evitar acontecimientos imprevistos. Así que proponte estar gozoso cuando las cosas no salgan bien. Otros estarán contentos de que lo hagas.

3. **Busca el propósito divino en la situación** – Abre tus ojos a las oportunidades a tu alrededor. ¿Hay alguien a quién ministrar? ¿Hay algo más por hacer? Convierte el estrés en algo positivo.

Declaraciones Para Renovar Tu Mente

*   Mi paz está aumentando y es una poderosa arma espiritual.
*   Yo me río mucho en los aeropuertos y en los congestionamientos de tráfico.
*   Encuentro propósitos divinos en momentos inconvenientes y estresantes.

Si No Soy Popular Soy Insignificante y Soy Un Fracaso

Suposiciones Cómicas Detrás De Esta Mentira

- Lo más importante en la vida es ser popular y que la gente te considere agradable.
- Lo que la gente piensa de mí es más importante que lo que Dios piensa de mí.
- Soy el único que se siente solo e inseguro.
- El ser popular entre los compañeros es llegar al nivel más alto del éxito.
- Aquel que ha experimentado éxito nunca ha experimentado rechazo.
- El no sentirse "popular" y sentirse rechazado son señales seguras de fracaso y derrota.
- "Buscad primero la popularidad y todas las cosas buenas te serán añadidas".
- La meta principal de Jesús en la tierra fue ser agradable y popular, así que esa también debe ser nuestra meta.

La Verdad

La popularidad es pasajera, pero el favor y el respeto crean influencia duradera. 1) El respeto viene por permanecer firme por algo - Durante 70 años, Daniel representó a Dios con integridad y en verdad. Marcó una diferencia perdurable en naciones paganas. Algunos le odiaban, pero cuando se presentaban las dificultades era el primero en ser llamado. 2) El respeto viene de ir contra la corriente - José escogió un camino superior al soñar en grande acerca de su futuro, al caminar en pureza sexual, al sobresalir en la cárcel y al perdonar a otros. Como resultado, obtuvo gran favor e influencia. 3) El respeto viene de valorarnos a nosotros mismos - Jesús dijo: "Amarás a tu prójimo como a ti mismo" (Marcos 12:31). El amarnos a nosotros mismos nos libera de ser adictos a los halagos de otros.

Estrategias Para Vencer y Conquistar Esta Mentira

1. **Cree que eres único y maravillosamente hecho** – Dios te creó para ser una bendición especial para el mundo. No hay dos personas que posean las mismas características o el mismo llamado en la vida. Tenemos algo que sólo nosotros podemos ser y hacer. ¡Cada uno de nosotros es importante!

2. **Vence el querer complacer a todos y disponte a ser diferente** – Los que viven para la aprobación de otros tendrán vidas miserables. De la misma manera, los que quieren complacer a todos no son respetados, por lo que es inútil el intentar continuamente hacer que los demás nos amen. A la larga, los que viven con buenos valores (que honran a Dios) serán mucho más respetados.

3. **Ten un corazón por aquellos que no son populares** – Ama a los que son populares (y aprende a no ser intimidado por ellos), pero de la misma manera, sé un amigo para aquellos que necesitan uno. Conviértete en el alentador más grande que conozcas.

Declaraciones Para Renovar Tu Mente

- Estoy seguro de quién soy.
- La gente me respeta por mis convicciones y valores.
- La aprobación de Dios es lo que me lleva a vivir una vida abundante.

28 Si No Me Caigo O Tiemblo, Dios No Me Esta Tocando

Suposiciones Cómicas Detrás De Esta Mentira

- Nada debe estar sucediendo en mi interior, a menos que se vea que algo está sucediendo exteriormente.
- Dios sólo diseñó una manera para que las personas respondieran a Su Espíritu, y como yo no respondo de esa manera, Él está frustrado conmigo.
- Si no estoy teniendo manifestaciones del Espíritu en mi vida, es porque soy un cristiano débil que tiene muchos asuntos que resolver.
- Debemos desear las manifestaciones físicas, especialmente la de temblar.
- Estas señales seguirán a los que creen: temblarán, gritarán y se caerán.

La Verdad

Tendremos más encuentros con Dios que cambiarán nuestras vidas al creer que Él nos está tocando (lo sintamos o no). 1) En Juan 20:22 Jesús sopló sobre los discípulos y les dijo "Recibid el Espíritu Santo". No forzó al Espíritu en ellos, sino que los invitó a "recibirlo" por fe. 2) En Marcos 11:24 Jesús dijo "Por tanto os digo que todo lo que pidiereis, orando, creed que lo recibiréis, y os vendrá". 3) Lucas 11:13 nos anima a pedir encuentros con el Espíritu Santo. "Pues si vosotros, siendo malos, sabéis dar buenas dádivas a vuestros hijos, ¿cuánto más vuestro Padre celestial dará el Espíritu Santo a los que se lo pidan?". Dios no nos dice que pidamos algo que no se nos pueda dar.

Estrategias Para Vencer y Conquistar Esta Mentira

1. **Conquista y vence el síndrome de "Hay algo particularmente malo en mí"** – Claro que hay algo malo en ti, porque en todos hay algo malo. ¡Supéralo! Es por eso que Dios envió a Jesús. Mucha introspección no ayuda, mejor descansa y recibe por fe.

2. **Suelta el control y el temor y sé parte de lo que Dios está haciendo** – Algunos dicen "Cuando oren por mí, no voy a dejar que me empujen para que me caiga. ¡Tiene que ser Dios!". Esto suena muy noble, pero es probable que esta forma de pensar nos perjudique.

3. **Enfócate en Jesús y no en las manifestaciones físicas** – Cuando Pedro caminó sobre el agua, empezó a hundirse cuando se enfocó en las cosas físicas a su alrededor, en lugar de enfocarse en Jesús. Cuando pasamos tiempo con Jesús las cosas comenzarán a suceder, pero esas cosas no deben convertirse en nuestro enfoque, ni deben ser la manera de medir lo espirituales que somos.

Declaraciones Para Renovar Tu Mente

- Tengo una actitud sana acerca de los encuentros espirituales.
- He aprendido a recibir por fe, y como resultado, mis encuentros van aumentando.
- Soy completamente libre en Dios.

No Soy Suficientemente Espiritual Para Ser Usado Por Dios

Suposiciones Cómicas Detrás De Esta Mentira

- Dios esta frustrado conmigo porque no soy lo suficientemente espiritual.

- Todos los que son usados por Dios, son más espirituales que yo.

- Dios me considera poco espiritual y no se moverá a través de mí, porque yo no oro cinco horas diarias, ni hago ayunos extensos.

- Si realmente quiero tener influencia, necesito vestirme con pelos de camello, y comer langostas y miel silvestre.

- No he tenido visiones o visto ángeles, así que no puedo ser una persona espiritualmente eficaz.

- No tengo una vida espiritual porque estoy ocupado y tengo responsabilidades.

- Si tan solo muriera más a mí mismo, entonces Dios realmente podría usarme.

La Verdad

Aunque debemos desear y buscar a Dios para encuentros sobrenaturales, también tenemos que recordar que Dios usa a personas aparentemente normales para hacer cosas extraordinarias. 1) María y José eran personas comunes que no eran muy espirituales, pero fueron escogidos por Dios para ser los padres de Jesucristo (Lucas 1: 26-33). 2) Ananías no aparece como alguien muy espiritual, sin embargo, Dios le habló en una visión y le dijo que impusiera manos sobre Saulo para que recuperara su vista (Hechos 9:10-12). 3) Pedro y Juan eran hombres comunes y corrientes, que como consecuencia de haber "estado con Jesús" fueron ungidos para predicar el evangelio y realizar milagros extraordinarios (Hechos 4:13).

Estrategias Para Vencer y Conquistar Esta Mentira

1. **Cree que Jesús te ha capacitado para ser usado por Dios** – Nosotros somos aceptados por Dios, únicamente a través de la sangre de Cristo (Romanos 5:1). Nosotros no recibimos de parte de Dios por obras, sino por "el oír con fe" (Gálatas 3:1-5). Escuchemos quiénes somos en Cristo y lo que Él ha hecho por nosotros, y seremos usados por Dios en una manera poderosa.

2. **Cree que Dios te ha dado un llamado y una unción únicos, y que no necesitas compararte con los demás** – Cree que tienes un papel importante en el plan de Dios para el mundo y para la iglesia (1 Corintios 12:4-7). Ciertamente no tenemos que limitarnos o conformarnos con nuestro nivel de experiencia actual, pero sí debemos creer que somos "hechos" espiritualmente con un temperamento único para hacer grandes cosas (Romanos 12: 4-8).

3. **Espera un aumento de encuentros espirituales en tu vida** – Si lo creemos, lo recibiremos (Mateo 21:22).

Declaraciones Para Renovar Tu Mente

- Soy una persona espiritual porque el Espíritu Santo vive dentro de mí.
- Soy un conducto sobrenatural del Espíritu Santo.
- Cada día, estoy siendo más como Cristo.

30 Los Niveles Más Altos En Dios, Atraen A Los Demonios

Suposiciones Cómicas Detrás De Esta Mentira

- A medida que avanzamos espiritualmente, tenemos que esperar una vida de crecientes dificultades.
- Los líderes de la iglesia tienen vidas miserables, debido a ataques espirituales.
- Los generales son los menos protegidos en el ejército.
- No debo ser una amenaza para el diablo, a menos que esté experimentando ataques.
- Voy a estar más seguro al no avanzar espiritualmente en Cristo.
- Una persona que sea verdaderamente espiritual, hablará más de la habilidad del diablo para atacar, que de la habilidad de Dios para proteger.
- Nuestras expectativas no tienen nada que ver con lo que experimentamos.

La Verdad

Dios protege de una manera sobrenatural a aquellos que se encuentran en el frente de batalla. 1) Daniel, un líder en primera línea, fue protegido en el pozo de los leones (Daniel 6). 2) Los tres jóvenes hebreos (que avanzaban como jóvenes diligentes y radicales) se mantuvieron a salvo en el horno de fuego (Daniel 3). 3) Jesús caminó en medio de una multitud que quería matarlo (Lucas 4:28-30). 4) El Salmo 91 habla de una mayor protección para aquellos que perseveran en la profundidad de las cosas de Dios.

Estrategias Para Vencer y Conquistar Esta Mentira

1. **Reconoce que Jesús es nuestro ejemplo de cómo caminar en la protección divina** – La vida de Jesús revela lo que es posible y Él debe ser nuestro ejemplo, no Job u otros. Recuerda, Su crucifixión fue el resultado de que Él escogiera morir por nosotros, y no el resultado de una deficiencia de protección espiritual sobre Él.

2. **Cree que la manifestación de protección y las bendiciones aumentarán con el avance del reino** – "Exhorto, pues… que se hagan oraciones… por todos los hombres; por los reyes y por todos los que están en autoridad, para que podamos vivir una vida tranquila y sosegada… Porque esto es bueno y agradable delante de Dios nuestro Salvador, el cual quiere que todos los hombres sean salvos y vengan al pleno conocimiento de la verdad" (1 Timoteo 2:1-4 NBH).

3. **A medida que avances espiritualmente, espera y habla acerca de la creciente protección de Dios** – Sí, reconocemos que hay mártires y personas que sufren por el avance del evangelio, pero debemos rechazar creencias que atraen dolor y dificultades innecesarias a nuestras vidas y que inconscientemente nos lleven a no desear avanzar espiritualmente.

Declaraciones Para Renovar Tu Mente

- A medida que camino con Dios, mi fuerza y protección van aumentando.
- La protección de Dios es una realidad más grande que los ataques de satanás.
- Los generales de Dios son los más protegidos en la batalla.

31

Soy Un Fracaso Porque No Tengo Un Trabajo Bien Pagado

Suposiciones Cómicas Detrás De Esta Mentira

- Mi valor en la vida está determinado por cuanto gano.
- Dios mide el éxito igual que lo mide el mundo.
- La pregunta más importante a la hora de elegir una carrera o un empleo es: ¿Cuánto dinero voy a ganar?.
- Dios prefiere a la gente rica porque sus diezmos son más grandes.
- La historia de la viuda que dio las dos monedas es una mala traducción, ella en realidad dio $20,000.00.
- La religión pura y sin mancha delante de Dios y del Padre es esta: visitar a los huérfanos, y tener un trabajo bien pagado.
- El hombre mira la apariencia externa, pero Dios mira el bolsillo.
- Si yo ganara más dinero en mi trabajo, todos mis problemas se acabarían.
- Yo debería sentirme superior a cualquier persona que gana menos dinero que yo.

La Verdad

Tú no necesitas un trabajo bien pagado para tener una vida de éxito. Una persona realmente exitosa: 1) Busca primeramente el Reino de Dios - Esto libera la provisión de Dios en la Tierra (Mateo 6:33); pero lo más importante es que hacemos tesoros en el cielo (Mateo 6:20). 2) Ama a otros - 1 Corintios 13; el amor es el nivel más alto del éxito de la vida cristiana. Las personas realmente exitosas son las que han puesto como prioridad amar y tener relaciones saludables. 3) Vive con una misión de parte de Dios - Nosotros triunfamos cuando hacemos lo que Dios nos ha llamado a hacer. Esto incluye creer que nuestra influencia no es sólo para el presente, sino también para impactar futuras generaciones de familias y de otros.

Estrategias para Vencer y Conquistar Esta Mentira

1. **Reconoce que la calidad de nuestras vidas es el resultado de la dedicación a nuestros compromisos, y no de lo grande que es nuestro salario** – La dedicación a Jesús, a la familia y a los valores bíblicos dará como resultado un éxito duradero.

2. **Acepta el proceso mientras que avanzas en la vida** – Una mariposa necesita el esfuerzo de salir del capullo para hacerse fuerte. De la misma manera, los desafíos que enfrentamos al avanzar en la vida nos ayudan a fortalecer los músculos espirituales que necesitaremos para nuestras grandes misiones del futuro.

3. **Anhela y busca aumentos y promociones en la vida, pero hazlo a la manera de Dios** – No hay nada malo en desear y buscar un trabajo mejor pagado, pero necesitamos reconocer que la prosperidad de nuestras almas es la clave para ver el éxito en nuestras circunstancias (3 Juan 1:2).

Declaraciones Para Renovar Tu Mente

- Jesús piensa que soy valioso, por lo tanto lo soy.
- Estoy haciendo una gran obra para Dios.
- Estoy avanzando en mi carrera pero El Señor también suple mis necesidades de otras fuentes.

32

Mis Expectativas No Influencian Mi Experiencia

Suposiciones Cómicas Detrás De Esta Mentira

- A raíz de estar predestinado a tener la vida que tengo, lo que creo no marca ninguna diferencia en lo que experimento en la vida.

- Cuando mi mente es renovada, nada es transformado.

- Me niego a proclamar expectativas positivas porque no quiero que la gente piense que soy parte del grupo de cristianos de la "super fe" o del "evangelio de prosperidad".

- Aquellos que tienen altas expectativas serán grandemente desilusionados.

- Cuando Jesús dijo: "Sea hecho de acuerdo a tu fe" no era una verdad para todos, sino sólo para la persona a la que Jesús se lo estaba diciendo.

- Si espero ser rechazado, esto no afectará la actitud de otras personas hacia mí.

La Verdad

"Expectativa" es otra palabra para aumentar la fe, y nuestra fe hace la diferencia en lo que experimentamos. El libro de Marcos lo aclara: 1) "Y al ver Jesús la fe de ellos, dijo al paralítico: Hijo, tus pecados te son perdonados" (Marcos 2:5). 2) "Hija, tu fe te ha sanado," le dijo Jesús; "vete en paz y queda sana de tu aflicción." (Marcos 5:34 NBH). 3) "Y Jesús le dijo: Si puedes creer, al que cree todo le es posible" (Marcos 9:23). 4) "Y Jesús le dijo: Vete, tu fe te ha salvado" (Marcos 10:52). 5) "Por tanto, os digo que todo lo que pidiereis orando, creed que lo recibiréis, y os vendrá" (Marcos 11:24).

Estrategias para Vencer y Conquistar Esta Mentira

1. **Acepta y cree en doctrinas de Esperanza** – Servimos a un Dios de "todo aquel". "Porque todo aquel que invocare el nombre del Señor, será salvo" (Romanos 10:13). Ser "salvos" implica recibir la vida eterna y eso incluye sanidad, liberación, bienestar y abundantes bendiciones. Toda persona puede experimentar cada aspecto de la salvación. Con Dios no hay acepción de personas (Romanos 2:11).

2. **Alimenta tu esperanza** – La esperanza es una confiada expectativa de que lo bueno viene. Aquellos que intencionalmente se alimentan con testimonios, con las promesas de Dios y con las verdades del Nuevo Pacto, aumentarán sus expectativas positivas.

3. **Tienes que saber que tu experiencia se alineará al nivel de tu forma de pensar** – Marcos 11:24 nos dice que debemos orar y creer y que entonces recibiremos. Una manera poderosa de mejorar lo que creemos, es por medio de escuchar más la verdad (Romanos 10:17). Así como Abraham llegó a estar plenamente convencido de la promesa (Romanos 4:21), así también nosotros lo podemos estar.

Declaraciones Para Renovar Tu Mente

• Mi expectativa (fe) positiva, provoca que yo experimente las promesas de Dios.

• Soy una persona extremadamente optimista.

• Yo escucho, creo y recibo.

33

Si Mi Ministerio No Parece Exitoso, Entonces No Lo Es

Suposiciones Cómicas Detrás De Esta Mentira

- Si mi ministerio no aparenta ser exitoso, soy un fracaso en mi llamado.
- Aquellos que plantan y riegan no son exitosos, pero aquellos que siegan la cosecha son muy exitosos.
- Noé fue un fracaso hasta que el diluvio validó su ministerio del arca.
- Sólo los ministerios que disponen de una gran cantidad de personas y dinero son exitosos.
- Si en mi ministerio hay asuntos sin resolver, es obvio que mi ministerio ha fallado.
- Mi obediencia a Dios es infructuosa a menos que la gente me celebre.
- En la Biblia, Dios esperó a que la gente diera su aprobación de alguien antes de hacerlo Él.

La Verdad

La medida de Dios para el éxito es diferente que el estándar usado por la mayoría de la gente. 1) El padre de David, sus hermanos y el rey Saúl pensaban que David era una persona sin éxito, pero en realidad probablemente era la persona más exitosa ante los ojos de Dios (1 Samuel 16 y 17). 2) Aquellos que en verdad aman, son más exitosos que aquellos que hacen grandes cosas espirituales sin amor (1 Corintios 13). 3) Ante los ojos de Dios, estamos triunfando cuando reconocemos nuestro lugar en el cuerpo de Cristo y cumplimos con nuestra función fielmente- aun cuando a nosotros no nos parece espectacular (1 Corintios 12: 14-31).

Estrategias para Vencer y Conquistar esta Mentira

1. **Enfócate más en sembrar que en cosechar** – Superamos los efectos de sentirnos agotados por temas no resueltos al creer que estamos en la voluntad de Dios, y al creer que estamos plantando de manera estratégica para la cosecha futura. "No nos cansemos, pues, de hacer el bien, porque a su tiempo segaremos si no desmayamos" (Gálatas 6:9).

2. **Supera el compararte con otros** – No eres llamado a hacer lo que otra persona está haciendo. Sí, aprende todo lo que puedas y mejora en todas las formas posibles, pero haz principalmente tu ministerio en fe y con un sentimiento de propósito. Aquellos que creen que son exitosos incrementarán dramáticamente su probabilidad de experimentar grandes logros.

3. **Debes saber que las grandes prioridades crean grandes ministerios** – No hay nada de malo en tener un gran ministerio, pero no debe convertirse en nuestra obsesión. El verdadero éxito es resultado de tener grandes prioridades y compromisos. Mantenerse en victoria es el resultado de enfocarnos más en la profundidad de nuestras vidas que en lo duradero del ministerio.

Declaraciones Para Renovar Tu Mente

- Estoy haciendo una gran obra para Dios y soy exitoso en el ministerio.
- Yo juego un papel clave en el avance del Reino de Dios en el mundo.
- Mis prioridades y compromisos me hacen un líder excepcional.

34 Nadie De Aquí Quiere Convertirse Al Cristianismo

Suposiciones Cómicas Detrás De Esta Mentira

- El amor de Dios ya no está atrayendo a personas hacia Él.
- Las oraciones por las personas que no están convertidas no están funcionando para nada.
- El engaño en el corazón de las personas es demasiado grande como para que Dios pueda alcanzarlos.
- Todos los que han de ser salvos aquí, ya han aceptado a Jesús.
- El deseo de Dios es que nadie se pierda, excepto la gente de mi ciudad. Realmente ellos no le caen bien.
- Si no veo que la gente entrega su vida a Cristo, significa que Dios no está haciendo nada en las vidas de aquellos que están a mi alrededor.

La Verdad

En estos momentos, incluso las personas que menos esperamos están siendo atraídas a la salvación. Considera estos ejemplos: 1) Los fanáticos de otras religiones – Saulo, quien se convirtió en Pablo, tenía un corazón que fue preparado para una conversión tremenda, aun siendo la persona que estaba más en contra del cristianismo en el mundo (Hechos 9). 2) Los funcionarios del gobierno- El corazón del eunuco Etíope tenía hambre por la verdad y estaba leyendo las escrituras aun antes de ser salvo (Hechos 8:26-39). 3) Los expertos en el ocultismo – Fueron salvos poderosamente en Éfeso después de ser testigos del poder de Dios (Hechos 19:17-20). 4) Familias completas– El carcelero Filipense llegó al trabajo como cualquier otro día, pero se fue con toda su casa siendo salva (Hechos 16:23-34). 5) Reuniones de multitudes- Los 3.000 judíos pensaban que iban a Jerusalén para la fiesta de Pentecostés, pero en realidad estaban yendo a su conversión espiritual (Hechos 2).

Estrategias Para Vencer y Conquistar Esta Mentira

1. **Cree que las personas en tu vida están siendo preparadas para un encuentro con Dios** – No creas solamente que Dios los está atrayendo hacia Él, sino también cree que como la sombra de Pedro sanó a las personas (Hechos 5:15-16), así mismo tenemos influencia divina sobre aquellos que se acercan a nosotros. Mientras más creemos que otros quieren a Jesús, más conversiones veremos.

2. **Asóciate y participa en los ministerios de evangelismo y discipulado** – Pablo le dijo a Timoteo, "Haz el trabajo de un evangelista" (2 Timoteo 4:5 NBH). Timoteo fue exhortado a encontrar una manera de impactar a los que no estaban convertidos al evangelio – aunque aparentemente este no era su fuerte.

3. **Encuentra el "hijo de paz"** – En todas las familias, grupos, ciudades o regiones, hay una persona clave que será el catalizador de Dios para que otras almas sean salvas. Jesús le dijo a los setenta que lo buscaran para enfocar su ministerio hacia él (Lucas 10:5-6). Seremos sabios si hacemos lo mismo.

Declaraciones Para Renovar Tu Mente

- Muchos a mi alrededor están a punto de ser salvos.
- Es normal que en mi comunidad haya conversiones poderosas.
- Yo encuentro a un "hijo de paz" en cada situación.

35 No Soy Lo Suficientemente Inteligente

Suposiciones Cómicas Detrás De Esta Mentira

- Dios nunca usa personas sin educación, o sin estar capacitadas para hacer grandes cosas.

- Si no tengo un título universitario, soy una persona inferior, cuyas opiniones no deben ser tomadas en serio.

- El apóstol Pablo estaba más interesado en hablar al intelecto de las personas que en demostrar el poder del Espíritu.

- La inteligencia es más importante que la sabiduría.

- El espíritu de sabiduría y de revelación viene solamente a las personas con formación superior.

- Dios no puede usarme a menos que hable con elocuencia.

- Dios nunca da sabiduría ni estrategias sobrenaturales.

La Verdad

Dios capacita a los que ha llamado, aun cuando no se ven como personas extraordinarias a los ojos del mundo. 1) Amós no era un profeta por profesión y nunca fue entrenado para serlo; sin embargo, ha impactado generaciones a través de sus escritos (Amós 7: 14-15; 9:11-15). 2) Pedro y Juan eran hombres comunes y corrientes sin instrucción, pero asombraron a la élite de su tiempo. (Hechos 4: 5-13). 3) Noé no tenía un manual de "Cómo Construir un Arca" o un título en construcción de arcas, pero Dios le dio paso a paso las instrucciones para hacerlo (Génesis 6:14-22). 4) Cuando Jesús escogió a sus discípulos, escogió a hombres comunes para cambiar el mundo (Marcos 1:16-20; 2:14).

Estrategias Para Vencer y Conquistar Esta Mentira

1. **Anhela y busca sabiduría y conocimiento** – El hacer lo posible para avanzar en tu educación es un paso importante en la vida. Aunque Dios puede hacer un camino sin importar nuestro nivel de educación, la Biblia nos anima a adquirir sabiduría y conocimiento. (Proverbios 4:5, 7; 16:16).

2. **Sé una persona segura de su identidad en Cristo** – En última instancia, no son los factores externos tales como la riqueza, la educación, la apariencia o la popularidad los que determinan la calidad de nuestras vidas, sino que es el venir a Cristo y creer quien Él dice que somos. Esto es más valioso que el oro.

3. **Aumenta tu fe para creer en lo imposible** – La fe es una fuerza más grande que la inteligencia. Jesús dijo, "al que cree, todo le es posible" (Marcos 9:23). La continua renovación de nuestra mente con la verdad resulta en una transformación sobrenatural (Romanos 12:2).

Declaraciones Para Renovar Tu Mente

• Estoy completamente capacitado por Dios para cambiar el mundo.

• Yo anhelo, busco y vivo por la sabiduría de Dios, por eso continuamente se me abren puertas de favor y de oportunidades.

• Yo tengo una facilidad para aprender, una gran memoria y estoy continuamente creciendo en sabiduría y conocimiento.

• La gente se asombra de mi sabiduría y conocimiento.

36 No Tengo El Don De Sanidad, Ni El Don De los Milagros

Suposiciones Cómicas Detrás De Esta Mentira

- La Biblia no define los dones que tengo, sino que son definidos por mis experiencias pasadas.
- Si no ha sucedido un milagro o una sanidad a través de mí, esto significa que no tengo el don de sanidad ni de milagros.
- Dios, en Su soberanía, ha elegido sólo a algunas personas para hacer milagros, y yo no soy una de ellas.
- Todos los que operan en sanidad, han sanado a todos el 100% de las veces.
- No puedo operar en sanidad y milagros a menos que reciba impartición de un evangelista reconocido.

La Verdad

Todos tenemos un ministerio de sanidad y milagros. 1) Cada creyente tiene un ministerio sobrenatural esperando manifestarse. "Y estas señales seguirán a los que creen… sobre los enfermos pondrán sus manos y se sanarán." (Marcos 16:17-18). 2) Aun los diáconos (los asignados a servir las mesas) en Hechos, tenían un ministerio sobrenatural (Hechos 6:1-8, 8:4-8). 3) 1 Corintios 14:1 nos dice: "desead los dones espirituales" (y esto incluye la sanidad y los milagros). Dios no nos diría que deseemos algo, a menos que estuviese disponible para nosotros. 4) En Juan 20:21 Jesús dijo, "Como me envió el Padre, así también yo os envío". Esto es lo que el Padre mandó hacer a Jesús, "Dios ungió a Jesús de Nazaret con el Espíritu Santo y con poder; el cual anduvo haciendo el bien, y sanando a todos los oprimidos del diablo; porque Dios estaba con Él" (Hechos 10:38). Esta es nuestra comisión, y hay gracia disponible para hacerlo.

Estrategias Para Vencer y Conquistar Esta Mentira

1. **Cree que los dones espirituales son para todos (incluyéndote a ti)** – Te imaginas a alguien diciendo "Desearía que Dios me hubiese dado el don de la salvación; pero Él no me lo dio, así que no iré al cielo". Eso sería ridículo. Y aún así, muchos cristianos usan el mismo razonamiento con los dones espirituales. Así como recibimos nuestra salvación por fe, es también por fe que recibimos los dones espirituales.

2. **Declara que tienes todos los dones espirituales, incluso si todavía no se manifiestan** – Un manzano no espera a que las manzanas cuelguen de sus ramas para llamarse manzano. Su ADN revela que las manzanas están creciendo de él. Nuestro ADN está compuesto por sanidades y milagros. Vamos a declararlo.

3. **Comienza a caminar en sanidades y milagros** – Así como un niño aprende a caminar, así mismo nosotros crecemos y llegamos a operar en nuestros dones por medio del entrenamiento, de tomar riesgos y de no rendirnos cuando parezca que hemos fracasado.

Declaraciones Para Renovar Tu Mente

- Yo tengo el don de sanidad y milagros.
- Dios me usa de una manera sobrenatural para ayudar a otros.
- Yo marco una diferencia.

37

El Dinero Es La Raíz De Todos Los Males

Suposiciones Cómicas Detrás De Esta Mentira

- A Dios le hace feliz cuando sus hijos son pobres y están viviendo en escasez.
- No debería esperar finanzas abundantes para llevar acabo la Gran Comisión.
- Siempre es malo que una persona quiera más dinero.
- Las riquezas del pecador están reservadas para el pecador.
- En realidad fue una trampa y un castigo que Dios le diera riquezas a Salomón.
- Dios desea que prosperemos en todas las áreas de la vida excepto en las finanzas.
- Jesús ama a los pobres, pero desprecia a los que se han hecho ricos.
- En la parábola de los talentos (Mateo 25:14-29), Dios no esperaba que multiplicaran los talentos (dinero) que les habían dado.
- Debería sentirme culpable por tener un buen sueldo.

La Verdad

Dios provee abundantemente a aquellos que ponen Su reino y Su justicia primero. 1) Salomón recibió gran riqueza después de que dio prioridad a la sabiduría espiritual (1 Reyes 3:10-15). 2) A Job le fue restaurado hasta el doble todo lo que había tenido (Job 42:12-17). 3) Abraham era rico y fue considerado como un hombre que agradó a Dios. Su "bendición" ha sido desatada sobre nosotros (Hebreos 11:8-20; Gálatas 3:13-14). 4) 2 Corintios 9:6-12 nos anima y nos reta a creer que tenemos abundancia para toda buena obra. Y a la vez nos revela claves espirituales para que esto suceda.

Estrategias Para Vencer y Conquistar Esta Mentira

1. **Reconoce que el amor al dinero es la raíz de todos los males** – En 1 Timoteo 6:10 vemos que el dinero no es el problema en sí, sino el amor al dinero. Nos ponemos en posición para ver un aumento en nuestras finanzas al aprender a tener dinero sin que el dinero nos posea. La generosidad radical es el principal antídoto para superar "el amor al dinero", y esto también nos llevará a una gran provisión.

2. **Convéncete de que no puedes realizar la Gran Comisión (Mateo 28:18-20) sin grandes finanzas** – El llamado a "ir a todo el mundo" implica que tendremos recursos considerables. Supera cualquier duda de que viene un gran aumento económico.

3. **Busca Su reino y Su justicia (Mateo 6:33)** – Es de vital importancia saber que el buscar "Su justicia" es creer que somos 100% justificados, y por eso somos dignos de ser bendecidos. No deberíamos enfocarnos en lo negativo (tratar de no amar al dinero), sino abrazar nuestra verdadera identidad en Cristo para crear actitudes sanas y firmes acerca del dinero.

Declaraciones Para Renovar Tu Mente

- Dios quiere bendecirme económicamente.
- Soy justificado y digno de ser bendecido.
- Tengo abundancia para toda buena obra y así podré llevar acabo la Gran Comisión.

38 Esta Área Es Espiritualmente Árida

Suposiciones Cómicas Detrás De Esta Mentira

- Los diez espías (a excepción de Josué y Caleb) tenían razón en su conclusión de que la tierra prometida era un lugar espiritualmente difícil (Números 13-14).

- Lo que los cristianos creen acerca de un área no tiene nada que ver con el avance y la victoria espiritual que experimenta ese lugar.

- A Dios realmente no le gusta esta área por su historial de pecado.

- En el momento en el que las personas vienen a esta área, el cielo que estaba abierto sobre ellos se cierra.

- Lo que creemos y experimentemos en el futuro en nuestra región, no está influenciado por el estar constantemente escuchando y diciendo "Esta área es difícil para el evangelio"

- Ezequiel debió haber concluido que el valle de los huesos secos era un lugar imposible para el avance y la victoria espiritual (Ezequiel 37).

- Las fortalezas demoníacas sobre esta región harán que mi ministerio sea inefectivo.

- Los verdaderos profetas intentarán convencer a las personas de que ciertas áreas son espiritualmente áridas.

La Verdad

Toda área está completamente lista para una transformación espiritual, porque los Cristianos llevamos un "cielo abierto" y a donde quiera que vamos las personas son liberadas. 1) Le dijeron a Josué: "Yo os he entregado... todo lugar que pisare la planta de vuestro pie." (Josué 1:3). Josué estaba confiado del avance del Reino por las promesas que tenía de Dios. Ahora nosotros debemos estar más confiados porque el más "pequeño" de los cristianos es mayor que cualquiera del Antiguo Testamento (Mateo 11:11). 2) Los 120 en el día de Pentecostés trastornaron al mundo, en un lugar donde había una fortaleza religiosa

(Hechos 2). 3) La vida y el ministerio de Pablo transformaron Éfeso, un lugar pagano sumergido en el ocultismo (Hechos 19).

Estrategias Para Vencer y Conquistar Esta Mentira

1. **Deja de estar de acuerdo con la experiencia de tu área** – No negamos las dificultades del pasado pero no podemos definir nuestra región por sus experiencias pasadas. Si lo hacemos, creamos fortalezas en nuestras mentes que obstaculizan los propósitos de Dios.

2. **Llama a las cosas que no son, como si fuesen (Romanos 4:17)** – El "método" de Dios para traer vida a lugares áridos es llamar a ese lugar un lugar vivo aún cuando parezca estar muerto. Él trae transformación cuando declaramos y desatamos vida.

3. **Mientras esperas que el avance y la victoria se manifiesten, permanece en la fe** – Reconoce que eres parte de un gran plan para lo que Dios está haciendo en tu área. Estás unido al pasado y al futuro en maneras más grandes de lo que te imaginas.

Declaraciones Para Renovar Tu Mente

• Dios está haciendo cosas grandes en esta área.

• Esta región está espiritualmente viva.

• Mayor es el que está en mí, que el que está en el mundo.

39

Las Mujeres No Deberían Esperar Ser Tan Poderosas Como Los Hombres

Suposiciones Cómicas Detrás De Esta Mentira

- Como mujer, no puedo esperar ser tomada en serio.
- Las mujeres fueron hechas sin poder y a la imagen débil de Dios.
- El ser madre es un obstáculo para mí y para mi ministerio.
- Como mujer, mi llamado en la vida es a estar en silencio y servir al hombre.
- Si tan sólo fuera hombre, podría tener mucho más éxito en la vida.
- En el Reino, todos son libres y empoderados excepto las mujeres.

La Verdad

A través de la historia, se encuentran mujeres poderosas. Aquí hay algunos ejemplos de Las Escrituras: 1) El denuedo y valor de Esther produjo como resultado que toda una raza entera fuese salva (Ester 4:16, 8:5-9). 2) Abigail salvo a toda su familia por medio de su sabiduría y generosidad (1 Samuel 25:18- 35). 3) La influencia de Noemí en Rut contribuyó a que Rut fuese bisabuela del Rey David y parte del linaje de Jesús (Rut 3:1-5, 4:18). 4) La mujer en el pozo causó un avance espiritual en Samaria. (Juan 4). 5) Débora fue una gran líder que trajo una gran victoria al pueblo de Dios (Jueces 4, 5). 6) Priscila y su esposo Aquila fueron de gran influencia en la iglesia primitiva, y son mencionados como pareja siete veces en el Nuevo Testamento- mencionando a Priscila en primer lugar cinco de esas veces.

Estrategias Para Vencer y Conquistar Esta Mentira

1. **Establece fundamentos bíblicos firmes para ser una mujer poderosa** – La intención original de Dios fue que las mujeres co-reinaran con los hombres. "Y los bendijo Dios; y les (hombre y mujer) dijo Dios: Fructificad y multiplicaos, llenad la tierra y sojuzgadla, y señoread sobre…" (Génesis 1:27-28). Aunque pueda parecer que algunos pasajes del Nuevo Testamento se contradicen sobre el "papel" de la mujer, está claro que el potencial espiritual de la mujer es igual que el del hombre.

2. **Vence cualquier raíz de amargura** – Las mujeres fuertes no están amargadas, sino que caminan en gracia y honor. No desconfían del hombre, ni sienten que deben esforzarse para demostrar quienes son; sino que ellas viven y ministran con una seguridad que viene de saber quienes son en Cristo. Las mujeres poderosas también celebran su "papel" de esposas y madres.

3. **Proponte motivar a otras mujeres** – El mejor camino para experimentar crecimiento en un área es dar lo que deseamos para nosotros mismos (Lucas 6:37-38). Al motivar a las mujeres, nosotros seremos motivados.

Declaraciones Para Renovar Tu Mente

- Soy una mujer poderosa que tiene un gran impacto.
- Disfruto de ser justa como Dios me hizo.
- Tengo relaciones saludables con los hombres.
- Inspiro a muchas mujeres a que sean la mejor versión de si mismas.

40

Necesito Caminar En El Temor Al Diablo

Suposiciones Cómicas Detrás De Esta Mentira

- Mientras avanzo en Dios, debería esperar los ataques espirituales, ya que son inevitables.
- Si resisto al diablo en el nombre de Jesús él no huirá de mí.
- Debo enfocarme más en lo que el diablo está haciendo, que en lo que Dios ha dicho.
- Los "súper-cristianos" tienen autoridad sobre el diablo, pero él derrota a personas como yo.
- No quiero hacer enojar al diablo, así que debería dejar de anhelar y buscar a Dios.
- Jesús estaba aterrorizado y temeroso de satanás, así que yo debería estarlo también.
- Debería preocuparme de que Dios le dé permiso a satanás para destruir mi vida.

La Verdad

Se nos ha dado autoridad sobre toda fuerza del enemigo. Sí, sería tonto ignorar que el diablo es real, pero la Biblia nos dice que no le temamos. 1) "Porque mayor es el que está en vosotros que el que está en el mundo" (1 Juan 4:4). 2) Jesús nos ha dado "autoridad... sobre todo el poder del enemigo, y nada les hará daño" (Lucas 10:19 NBH). 3) Al igual que el salmista, nosotros también estamos protegidos del enemigo al habitar "bajo la sombra del Omnipotente." (Salmos 91). 4) Cuando resistimos al diablo, él tiene que huir de nosotros (Santiago 4:7). 5) Nos convertimos en Cristianos que no pueden ser devorados al resistir al diablo y permanecer "firmes en la fe" (1 Pedro 5:8-9). 6) Pablo le dijo a los Romanos, que Dios aplastaría a satanás bajo sus pies (Romanos 16:20) y él hará lo mismo por nosotros.

¡*Riámonos* DE ESO!

Estrategias Para Vencer y Conquistar Esta Mentira

1. **Cree que la muerte y la resurrección de Jesús han despojado el poder del diablo (Colosenses 2:15)** – Jesús le quitó las llaves de autoridad y se las dio a Su iglesia (Mateo 16:17-19).

2. **Pon más fe en la habilidad de Dios para proteger, que en la habilidad del diablo para dañar o engañar** – Determina hablar más sobre la protección de Dios que sobre los ataques de satanás. Veremos más de aquello de lo que constantemente hablamos, porque la fe (tanto positiva como negativa) viene por el oír (Romanos 10:17).

3. **Medita en las Escrituras que hablan de la bondad y la protección de Dios sobre tu vida** – "Porque como piensa [el hombre] en su corazón, así es él" (Proverbios 23:7). Atraemos las promesas de Dios hacia nosotros, cuando enfocamos nuestros pensamientos en lo bueno y verdadero.

Declaraciones Para Renovar Tu Mente

- Mayor es el que está en mí que el que está en el mundo.
- Ningún arma forjada contra mí prosperará.
- Estoy cubierto con protección de Dios.
- El enemigo ha sido derrotado por lo que Jesús hizo en la cruz.
- El diablo fue despojado de todo derecho legal de poder hacerme daño.

41

Estoy Demasiado Ocupado Para Hacer Las Cosas Bien

Suposiciones Cómicas Detrás De Esta Mentira

- Debido a que soy una víctima de mi horario ajetreado, no puedo ser amable, respetuoso, o llevar a cabo algo que dije que haría.
- Es más importante que las cosas queden hechas, que hacerlas bien.
- Si hago algo es importante, entonces el fin justifica los medios.
- Jesús cometió tantos errores en Su ministerio dado a que estaba muy "ocupado" en los negocios de Su Padre.
- Jesús se equivocó cuando dijo que es necesario ser fiel a las responsabilidades pequeñas para que se nos confíen cosas mayores.
- No es tan importante el tener excelentes prioridades como el mantenerse muy ocupado.

La Verdad

Las Prioridades firmes y el no estar excesivamente ocupados traen beneficios duraderos. 1) Hageo revela los beneficios de hacer aquello que es lo más importante, y la insensatez que es el ocuparse con los asuntos que son de menos importancia en la vida (Hageo 1:3-11). 2) El libro de proverbios es una mina de oro, que nos inspira a poner la integridad, la pureza y el hablar de buena manera, por encima de la búsqueda del éxito. 3) La institución del día de reposo, revela que el hacer más no es la respuesta. No estamos obligados a guardarlo, pero mientras buscamos crecimiento en nuestras vidas es importante considerar el principio del día de reposo, el cual es una ley espiritual profunda.

Estrategias Para Vencer y Conquistar Esta Mentira

1. **Supera el yugo de lo urgente** – Es poco probable que alguien en su lecho de muerte diga "Debería haber pasado mas tiempo en la oficina y menos tiempo con mi familia". Lo más importante de la vida (Dios, familia, integridad, etc.) no exige atención hasta que hay algún tipo de crisis; sin embargo, los asuntos de menos importancia aparentan ser más urgentes de lo que realmente son.

2. **Desarrolla convicciones no negociables** – Daniel continuó orando a Dios, aun cuando esto estaba en contra de la ley, porque eso "solía hacer antes" (Daniel 6:10). Nosotros también debemos priorizar el tener tiempo para Dios, para la familia, para el descanso y para el llamado especial de nuestras vidas. Es más fácil decir "no" a las cosas de menos importancia, cuando ya hemos dicho que "sí" a nuestras prioridades.

3. **Trabaja con diligencia desde un lugar de reposo espiritual** – "Porque el que ha entrado en su reposo, también ha reposado de sus obras, como Dios de las suyas" (Hebreos 4:10). Caminamos en el reposo de Dios al confiar en la obra consumada de la cruz, seguros de nuestra identidad y creyendo que impactamos de manera positiva el reino invisible.

Declaraciones Para Renovar Tu Mente

• Yo camino en el reposo espiritual de Hebreos 4.

• Vivo una vida de integridad, de amor y hago grandes cosas en Dios.

• Estoy dedicado a lo que es verdaderamente importante.

Suposiciones Cómicas Detrás De Esta Mentira

- Hay algo particularmente mal con esta área.
- Mi ciudad está bajo un cielo espiritualmente cerrado a causa de ser indigna.
- Dios está demasiado ocupado para visitar mi ciudad.
- Sólo funciona en lugares donde yo no estoy presente.
- Mi ciudad no es y nunca será un buen lugar para un avivamiento.
- Dios no está preparando mi ciudad para una transformación.
- Dios es exigente en cuanto a donde manifestarse y en cuanto a donde hacer cosas extraordinarias.

La Verdad

Dios no hace acepción de personas o áreas. Hay muchos ejemplos bíblicos: 1) Nínive estaba en un estado de decadencia moral y de maldad, pero rápidamente se convirtió del pecado a Dios (Jonás 1-3). 2) Un avivamiento sucedió de repente en una prisión, en el momento en que Pablo y Silas adoraban, y los que estaban presos fueron liberados de manera sobrenatural (Hechos16). 3) Pablo hizo milagros extraordinarios en Éfeso, una ciudad que era muy conocida por su idolatría. La gente quemó sus libros de magia (con valor de unos 50.000 días de salario) y los demonios huyeron (Hechos 19). 4) La gente que habitaba en Decápolis le rogó a Jesús que se fuera después de que el hombre con la legión fue restaurado, y debido al testimonio de este hombre, la multitud dio la bienvenida a Jesús cuando regresó (Marcos 5,7). 5) En el lugar menos esperado como el de un establo, Dios mismo se hizo carne para restaurar la relación con Sus hijos e hijas (Lucas 2).

¡*Riámonos* DE ESO!

Estrategias Para Vencer y Conquistar Esta Mentira

1. **Tienes que entender que la transformación personal crea una transformación en la ciudad** – Sea cual sea la buena voluntad de Dios para tu área, es Él quien obra en ti dándote el poder para que las cosas sucedan (Filipenses 2:13). Una vez que tenemos un encuentro con Él, nos convertimos en un encuentro para otros (Marcos 16:17-18). Nosotros "destilamos" el mismísimo conocimiento de Dios a los que nos rodean (2 Corintios 2:14).

2. **Usa tu autoridad espiritual** – No tenemos que rogarle a Dios que haga algo que Él ya nos ha dado la autoridad para hacer. Él hizo de nosotros Su hogar y nos dijo: "sanad a los enfermos, echad fuera demonios, limpiad leprosos, y hacer aún mayores cosas" de las que hizo Jesús (Mateo 10:8, Juan 14:12). Nosotros somos los catalizadores en la región.

3. **Anhela ser un excelente mayordomo** – Las llaves espirituales de las ciudades se adquieren por medio de ser fieles mayordomos de las oportunidades que Dios nos ha dado (Lucas 19: 11-27). El avivamiento es atraído a las áreas donde el pueblo de Dios está haciendo las cosas pequeñas de una gran manera.

Declaraciones Para Renovar Tu Mente

- Es imposible que esta ciudad siga siendo la misma porque Dios se está manifestando a través de Su obra en mi.

- Estoy constantemente "destilando" el conocimiento de Dios que da vida.

- La abundante y tangible presencia de Dios cubre mi ciudad, mi trabajo y mi hogar.

Suposiciones Cómicas Detrás De Esta Mentira

- Jesús llevó mi deuda de pecado en la cruz, pero yo tendré que salir de mi deuda económica.
- Dado a que fui yo quien se metió en deudas, Dios está frustrado y no me ayudará.
- No hay soluciones para esta gran deuda.
- Hace diez años fallé en dar el diezmo, así que estoy maldito con deudas.
- A causa de la familia que tengo, no hay esperanza para mis finanzas.
- Ahorrar dinero es pecado, así que todo lo que reciba debo gastarlo rápidamente.
- Yo no debería tener altas expectativas de que pueda salir de deudas.
- Mis malas decisiones financieras han sido buena medida, apretadas y están rebosando hacia el endeudamiento eterno.

La Verdad

Dios ya tiene la provisión para sacarnos de la deuda económica. 1) Jesús llevó nuestra deuda financiera en la cruz. "Siendo [Jesús] rico se hizo pobre; para que vosotros con su pobreza fueseis enriquecidos" (2 Corintios 8:9). 2) El corazón de Dios es suplir todas nuestras necesidades, incluyendo el cancelar nuestras deudas. "Y mi Dios proveerá a todas sus necesidades, conforme a sus riquezas en gloria en Cristo Jesús" (Filipenses 4:19 NBH). 3) Dios tiene sabiduría especial para sacarnos a cada uno de nosotros de la deuda. "Si alguno de vosotros tiene falta de sabiduría, pídala a Dios, el cual da a todos abundantemente y sin reproche, y le será dada" (Santiago 1:5).

Estrategias Para Vencer y Conquistar Esta Mentira

1. **Cree que tu deuda ha sido completamente pagada** – Así como ninguno de nosotros somos dignos (sin Cristo) de que nuestros pecados sean cancelados, así mismo ninguno merece que sus deudas sean canceladas. Pero Jesús tomó nuestra deuda en la cruz, para que podamos caminar en bendición e influencia. Debemos usar nuestra autoridad espiritual para reprender toda deuda y recibir una provisión abundante.

2. **Rompe con la mentalidad de deudas** – Muchas veces la perpetua deuda económica es un síntoma de una "mentalidad de endeudamiento" que por impulso sacrifica el futuro para las necesidades o deseos del ahora (por ejemplo, deuda espiritual, deuda de tiempo, deuda de relaciones, deuda emocional, deuda de salud, etc.). Al colaborar con Dios, Él nos hará invertir en nuestro futuro, en lugar de robar de él.

3. **Recibe la estrategia especial de Dios para ti** - Hay sabiduría sobrenatural disponible para ti. Aún más que el necesitar tener más dinero, necesitamos una estrategia divina. Pon en acción el principio de Santiago 1:5.

Declaraciones Para Renovar Tu Mente

- Estoy libre de deudas.
- Cada vez compro más cosas al contado.
- He roto con la mentalidad de deudas.
- Yo invierto abundantemente en el futuro.
- Yo Libero a otros de la deuda financiera.

44

Es Demasiado Tarde Para Mi Nación

Suposiciones Cómicas Detrás De Esta Mentira

- No hay soluciones- ni siquiera Dios sabe qué hacer.
- Las oraciones que se han hecho y las que hoy se hacen por nuestra nación no están funcionando.
- Es imposible que aquí ocurra un avivamiento espiritual que realmente transforme.
- Una nación no puede ser salva en un día.
- Hay pocas personas (si es que las hay) que Dios haya puesto en lugares específicos con un propósito.
- Las puertas del infierno han prevalecido contra la iglesia en mi nación.
- Una persona ungida y apasionada no puede cambiar una nación.

La Verdad

Las naciones pueden cambiar rápidamente – 1) Los fornicarios de Nínive sorprendentemente respondieron al mensaje de Jonás y las cosas cambiaron (ver libro de Jonás). 2) 2 Crónicas 7:14 revela que los creyentes pueden tener una gran influencia para ver su nación sanada. 3) El rey impío, Nabucodonosor, tuvo un encuentro con Dios a través de la influencia de Daniel y los otros tres jóvenes que impactaron la nación (Daniel 3:26-30; 4:34-37). 4) El destino de la nación de Israel cambio el día en que David mató a Goliat (1 Samuel 17). 5) La historia de los huesos secos en Ezequiel revela que las naciones "muy secas" y aparentemente muertas pueden volver a la vida. 6) Un estudio de los avivamientos que han ocurrido en los últimos 2,000 años, incrementará nuestra fe para creer que una transformación espiritual puede ocurrir en naciones que se han apartado.

Estrategias Para Vencer y Conquistar Esta Mentira

1. **Aviva la esperanza por tu nación** – En Ezequiel 37, Dios pregunto "¿vivirán estos huesos?". La respuesta fue obviamente que sí, a pesar de que parecía imposible. La pregunta más importante no es cómo de mal está la nación (cómo de secos están los huesos), sino si habrá alguien que tenga esperanza de que la nación pueda vivir. No hay nada imposible para Dios.

2. **Pon en obra 2 Crónicas 7:14 en tu vida** – Crece en cada aspecto de este versículo (humildad, oración, arrepentimiento, y el buscar el rostro de Dios). Únete con personas que tengan el mismo sentir, para ver tu nación sanada.

3. **Apoya a personas y ministerios que están marcando una diferencia en tu nación** – Sé un apoyo a esos que están trayendo cambios (y también aquellos que traerán transformación en el futuro). Identifica tu papel y sé fiel a el.

Declaraciones Para Renovar Tu Mente

- Dios se está moviendo poderosamente en mi nación.
- La Iglesia en mi nación está en avivamiento.
- Dios tiene personas poderosas que están trayendo transformación a todos los ámbitos de la sociedad.

45

Una Persona No Puede Cambiar El Mundo

Suposiciones Cómicas Detrás De Esta Mentira

- Yo no soy una de las pocas personas que Dios ha predestinado para cambiar el mundo.
- Jesús cambio el mundo, pero no hablaba en serio cuando dijo que nosotros haríamos mayores cosas de las que Él hizo.
- David, Moisés, Abraham, Esther y Pedro cambiaron el mundo porque ellos no tenían ninguna debilidad y no enfrentaron circunstancias negativas.
- Es muy tarde para que alguien cambie el mundo, así que no deberíamos ni intentar hacerlo.
- Las historias bíblicas de personas que cambiaron el mundo son sólo para nuestro entretenimiento y no sirven como testimonios que nos inspiran a poder hacer lo mismo.
- Dios se molesta si intentamos cambiar el mundo, ya que él quiere que las cosas fracasen al final de los tiempos.

La Verdad

Cada persona debe creer que tiene el potencial para cambiar el mundo. Las personas de la Biblia no fueron predestinadas para hacer lo que hicieron. Ellos tenían una naturaleza como la nuestra (Santiago 5:17). 1) Pablo respondió al llamado de Dios y su celo por Dios junto con su inteligencia guiada por El Espíritu cambiaron el curso de la historia. 2) Esther usó el favor que tenía para salvar a los judíos. 3) Abraham dejó lo conocido y su manera de creer fue la que cambio la historia. 4) Moisés salvo a su pueblo al responder a un impulso interno que sintió de ser diferente 5) Noé se preparó para el futuro y salvó al mundo de la extinción. 6) María estuvo embarazada con la respuesta de Dios para la humanidad. 7) Hoy seguimos siendo impactados por la valentía, fidelidad, y pasión que David tuvo por Dios.

Estrategias Para Vencer y Conquistar Esta Mentira

1. **Conoce el increíble poder de la fe** – "Al que cree todo le es posible" (Marcos 9:23). "Porque con Dios nada será imposible (Lucas 1:37). " El que cree en mí, las obras que yo hago él también las hará; y mayores que estas hará" (Juan 14:12).

2. **Lee e inspírate con las historias de personas que han marcado una diferencia** – Estudia las vidas de las personas en La Biblia que fueron de gran impacto y aprende de aquellos en la historia que hicieron grandes cosas. Esto activará tu fe y te dará la habilidad de perseverar para marcar la diferencia.

3. **No desprecies el día de los pequeños comienzos** – Los grandes logros son el resultado de una serie de pequeños pasos. Date cuenta de que la influencia y las promesas no son sólo para nuestros tiempos, sino que seguirán viviendo a través de nuestra descendencia.

Declaraciones Para Renovar Tu Mente

*   Yo estoy cambiando el mundo y mi influencia va en aumento.
*   Haré cosas mayores que Jesús.
*   Soy una persona con una increíble manera de pensar.
*   Mi propósito de cambiar el mundo se terminará de cumplir a través de mis descendientes.

OTROS LIBROS POR STEVE BACKLUND

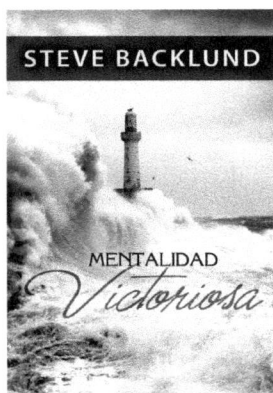

Mentalidad Victoriosa

Aquello en lo que creemos es más importante que lo que hacemos. El transcurso de nuestras vidas está cimentado por nuestras creencias esenciales más profundas. Nuestra mentalidad es, o bien una fortaleza para los propósitos de Dios, o una casa de muñecas para el enemigo. Este libro revela cincuenta actitudes bíblicas que son fundamentales para aquellos que desean caminar en libertad y poder.

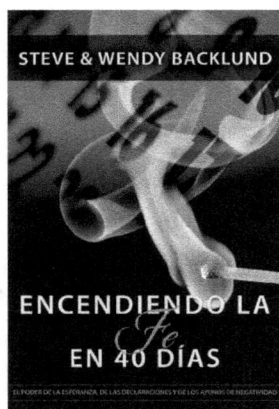

Encendiendo la Fe en 40 Días

Debe haber etapas especiales en nuestras vidas en las que salgamos de la rutina y hagamos algo que encienda nuestra fe en Dios y nuestra identidad en Cristo. Este libro te guiará a experimentar un ayuno de 40 días de negatividad que cambia vidas. Este ayuno enseña el poder de declarar la verdad y otros hábitos diarios que fortalecerán el fundamento de tu fe y que incrementarán radicalmente tu esperanza personal.

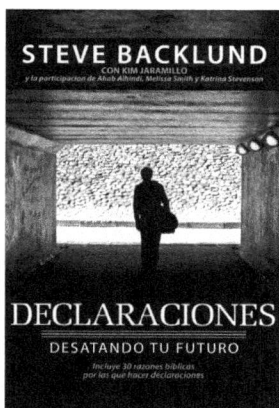

Declaraciones

"Nada sucede en el Reino a menos que una declaración sea hecha". Muchos creyentes de muchas partes del mundo se están dando cuenta de la fuerza de las declaraciones para dar poder a sus vidas. Quizá te estés preguntado "¿Qué son las declaraciones y porqué hay gente que las está haciendo?" o "¿No son simplemente las declaraciones una forma de reinventar la herejía del evangelio de la prosperidad y de la súper fe?" *Declaraciones* contesta a estas preguntas compartiendo 30 razones bíblicas por las que declarar verdad sobre cada área de nuestra vida. Steve Backlund y su equipo también contestan a las objeciones comunes que hay acerca de la enseñanza de las declaraciones. La revelación que este libro muestra te ayudarán a marcar la dirección por la cual irá tu vida. Prepárate para treinta días de poderosos devocionales que te convencerán de que la vida realmente está en el poder de la lengua.

www.ingramcontent.com/pod-product-compliance
Lightning Source LLC
Chambersburg PA
CBHW050538280326
41933CB00011B/1633